EdgarLira

in/conforme
el genuino camino al crecimiento

T0321523

EdgarLira

in/conforme
el genuino camino al crecimiento

La misión de Editorial Vida es ser la compañía líder en comunicación cristiana que satisfaga las necesidades de las personas, con recursos cuyo contenido glorifique al Señor Jesucristo y promueva principios bíblicos.

INCONFORME
Publicado por Editorial Vida – 2013
Miami, Florida

© 2013 por Edgar Lira

Edición: *Virginia Himitian*
Diseño interior: *Juan Shimabukuro Design*
Diseño de cubierta: *Juan Shimabukuro Design*

RESERVADOS TODOS LOS DERECHOS. A MENOS QUE SE INDIQUE LO CONTRARIO, EL TEXTO BÍBLICO SE TOMÓ DE LA SANTA BIBLIA NUEVA VERSIÓN INTERNACIONAL. © 1999 POR BÍBLICA INTERNACIONAL.

Esta publicación no podrá ser reproducida, grabada o transmitida de manera completa o parcial, en ningún formato o a través de ninguna forma electrónica, fotocopia u otro medio, excepto como citas breves, sin el consentimiento previo del publicador.

ISBN: 978-0-8297-6488-8

CATEGORÍA: Ministerio cristiano / Juventud

IMPRESO EN ESTADOS UNIDOS DE AMÉRICA
PRINTED IN THE UNITED STATES OF AMERICA

13 14 15 16 17 RRD 6 5 4 3 2 1

Prólogo

Desde niña, mi hija Demi suele hacer preguntas muy complicadas. Tenía cinco años cuando nos mudamos de la ciudad de México a Las Vegas, NV, para pastorear una congregación. Realizamos todo el trayecto conduciendo un automóvil. Fue un viaje larguísimo y pesado. En ese entonces éramos solo Mardia, mi esposa, Demi y yo. Mi otra hija aún no había nacido. Tuvimos más de veintiocho horas para conversar. En el camino Demi venía preguntando de todo. Es su naturaleza.

«Papá, si el mundo gira y gira, ¿por qué cuando el mundo da vueltas no nos caemos?». Me moría de la risa con los interrogantes y ocurrencias de esa niñita. Ella lo preguntaba muy en serio. No había manera de explicarle. Y como esa, mil y una preguntas.

Veo que se parece mucho a mí. Me da la impresión de que es algo genético. ¡Pobrecita! Oro para que cuando crezca se parezca más a su mamá.

No sé si alguna vez te has preguntado: «¿Por qué creo lo que creo?». Yo sí. Muchas veces.

Con mi trasfondo cristiano puedo decir con toda franqueza que crecí escuchando la Palabra de Dios. Mis maestros de Escuela Dominical hicieron un gran trabajo y dejaron una huella que hasta el día de hoy sigue dando frutos en mi propia vida. Y a pesar de que me enseñaron lo que sabían, ha habido un deseo de conocer más a fondo las Escrituras y descubrir por qué creo lo que creo, y no solo quedarme con lo que otros afirman que dicen. Quiero saber lo que Dios piensa y opina.

¿Por qué reunirnos el domingo? ¿Por qué usar corbata? ¿Por qué tener más de dos horas de reunión (y a veces hasta cuatro)? ¿Por qué hablar al estilo Reina Valera si no soy español? ¿Por qué se utiliza una música tan irrelevante? ¿Por qué esta manera de hacer iglesia? ¿Por qué tiene que ser así? ¿Por qué no seguir la corriente cristiana y evitarse la molestia? ¿Por qué pienso estas cosas? ¿Por qué me incomodan? ¿Por qué?

Mi espíritu se muestra insaciable por encontrar la verdad. No me basta con que alguien me quiera convencer. Necesito saber.

Dentro del cristianismo hay muchos mitos que nos roban la posibilidad de alcanzar lo que Dios tiene para nosotros. Uno de esos mitos, por ejemplo, es que el evangelio es gratuito. Nada se aleja más de la realidad. El evangelio no es gratis. A alguien le costó la vida. Uno pagó el precio por todos. Que a nosotros no nos haya costado, no quiere decir que no cueste.

El problema con eso es que pensamos que de ahí en adelante todo tiene que ser gratis, cuando en realidad alcanzar lo que Dios tiene para nosotros conlleva un precio. El costo es alto. El precio es la propia vida. A menos que perdamos, no ganaremos.[1] Es lo que dijo Jesús.

En mi travesía en busca de la verdad, ha habido varios momentos en los que se me han abierto los ojos. Varios «despertares», por decirlo de alguna manera. Son esos instantes en los que uno se da cuenta de que lo que creía no es verdad.

Esos momentos duelen. Uno se siente traicionado por los que le enseñaron mal. Se produce una sensación de «me engañaron». Pero, a la vez, esos momentos resultan liberadores. Producen libertad. Jesús lo dijo: «Conocerán la verdad, y la verdad los hará libres».[2]

En este punto de mi caminar con Dios, creo que el cristianismo es más sencillo de lo que inicialmente me habían planteado. Lo que escribo en estas líneas son algunas historias y vivencias que me han llevado a cuestionarme a mí mismo, mi cristianismo y mi propósito en esta tierra. Experiencias que me han hecho cuestionar la vida cristiana que me enseñaron, que he vivido y practicado. De alguna manera me han convertido en alguien inconforme.

Tampoco proclamo tener la verdad absoluta o haber encontrado todas las contestaciones. No sé las respuestas, pero quiero

---

[1] Marcos 8.35, Mateo 10.39, Lucas 17.33, Juan 12.25.

[2] Juan 8.32.

seguir a aquel que sí las conoce. Eso es más importante.

Si de algo estoy seguro es de que Dios tiene un plan para mí. No soy un designio de la casualidad. Tengo un propósito y un destino. Mi trabajo en esta tierra quizás no tiene que ver con conocerlo al cien por ciento, sino con seguir, una vez más, a aquel que lo conoce. Lo mismo es cierto para ti.

Lo que Dios tiene para ti es algo increíble. Jesús lo describe como una «vida abundante».[3] ¡Qué asombroso! Una vida abundante que muchas veces se ve ensombrecida por mitos y creencias.

¿Por qué tiene que ser así? ¿Por qué no puede ser diferente? Son las preguntas incómodas que han nacido dentro de aquellos que han cambiado el mundo y se han atrevido a moverse y a pagar el precio por modificarlo. Es esa inconformidad la que los mueve. Es esa inconformidad la que los hace crecer.

El hombre que se conforma, se adapta al mundo que lo rodea. El hombre inconforme hace que el mundo se adapte a él. Las personas inconformes transforman el mundo.

De antemano les confieso que sufrí mucho al escribir este libro. He tratado de ser lo más sincero posible al plasmar algunas de las ideas, temores y dudas de mi propio caminar cristiano. No puedo negar que ha habido cierto temor al hacerlo. «¿Estaré siendo demasiado franco como para ser malinterpretado?». Es posible que eso suceda.

Muchas de las historias tienen que ver con esos momentos peculiares de «abrir los ojos». Sé que algunos se podrán sentir identificados con ellas. Soy consciente del dolor y la oposición que implica pensar diferente.

Es como la historia del niño que vendía diarios. Un granjero estaba sentado afuera del porche de su casa cuando un pequeño se acercó en su bicicleta a venderle el periódico. El chico vio un letrero que decía: «Vendo cachorrillos». Le preguntó al granjero cuánto costaban. «Veinticinco dólares, hijo», le contestó. El niño se entristeció sabiendo que no tenía esa cantidad. «¿Aunque sea los puedo ver?», solicitó. «¡Claro que sí!», dijo el

---

[3] Juan 10.10.

inconforme

hombre. Caminaron hacia la parte trasera de la casa y detrás de una esquina venía caminando la mamá perra con sus crías. Los perritos saltaban y movían la cola despreocupados de la vida mientras la seguían. Detrás de ellos, a cierta distancia, venía un cachorrillo que rengueaba de una de sus piernas, tratando de alcanzar a los demás. «¿Qué tiene ese cachorrito?», preguntó el niño. «El veterinario nos dijo que nació sin parte de su cadera. Nunca podrá caminar». El niño pronto dejó su bicicleta a un lado, metió su mano en el bolsillo y sacó veinticinco centavos. Luego le dijo al granjero: «Le compro ese perrito. Le puedo dar veinticinco centavos de aquí hasta que termine de pagarlo. ¡Lo prometo!». «Pero niño, este perrito no llegará muy lejos sin una pierna. Nunca podrá caminar. Nunca podrá correr. Siempre será un inválido», respondió el granjero. Entonces el pequeño levantó la pierna derecha de su pantalón y exhibió una prótesis donde debería haber una pierna. «Por eso señor, necesitará alguien que lo comprenda y que pueda ayudarlo en esta vida».

Este libro es mi humilde intento de levantarme el pantalón y enseñar mi propia prótesis donde debería haber una pierna. Espero que le sirva a alguien.

Te invito a que hagas lo mismo que yo he hecho. Te invito a que en cada párrafo cuestiones lo que escribo. Mi deseo es que a través de estas páginas tengas varios momentos en los que tus ojos se abran. Mi anhelo es que salgas de tu zona de comodidad, lejos, a la aventura que Dios tiene para tu vida, y te conviertas en uno de aquellos inconformes que cambian la historia. No estoy seguro de lograrlo. Solo déjame intentarlo.

Bendiciones

Edgar Lira

Contenido

Contenido

capítulo 1

La gran caída

Era el verano de 1987. Vivía en Durango, México, y unos primos me habían invitado a pasar las vacaciones con ellos en Austin, Texas. Mi primo Raúl tenía la misma edad que yo y a él le gustaba andar en bicicleta BMX haciendo piruetas. Consiguió las piezas para armar una para mí. El marco por aquí, las ruedas por allá. Nunca fui bueno ni con la bicicleta ni con la patineta. Mi cuerpo jamás logró ejecutar lo que mi mente le ordenaba.

Cuando mi tía se dio cuenta de eso, lo único que le dijo fue: «No vayas a ir a la calle de la colina». Parecía una orden de psicología inversa. Raúl me preguntó si quería ir. Sin saber de qué se trataba, le dije que sí.

Pedaleamos unos quince o veinte minutos. Si has estado en Austin sabrás que hay un río que atraviesa la ciudad y cerros por aquí y por allá. En verano es muy caluroso y verde. Llegamos a una calle y me dijo: «Ya llegamos, ¿te animas a arrojarte por la pendiente?». Miré la calle, era precisamente una colina, y nosotros estábamos en la cima. No sé cómo lograron hacer aquella calle tan empinada, pero recuerdo haberme preguntado cómo podría un automóvil subirla. Eran unos setecientos metros de bajada casi en picada. Mi primo se aventó primero y yo lo seguí. Recuerdo que a la mitad del camino la bicicleta había tomado demasiada velocidad. Aunque tenía bien sujeto el volante, este comenzó a temblar. Frente a mí veía la espalda de mi primo, montado en su bicicleta a una velocidad cada vez mayor, y yo detrás de él. La rapidez con la que descendíamos era increíble. Mi corazón latía muy rápido. Podía sentir la adrenalina correr por mis venas. La bicicleta temblaba más y más a medida que la gravedad se adueñaba de nosotros. Y en menos de una centésima de segundo sucedió lo que no debería haber ocurrido nunca. La velocidad, sumada a la ley de gravedad, ganó la batalla. El volante se dobló y yo salí volando por sobre el manubrio de

inconforme

la bicicleta. No traía ni casco, ni rodilleras, ni coderas. Mientras caía sobre el caluroso pavimento, recuerdo haber pensado que solo sería cuestión de ponerme en pie; pero mi cuerpo daba vueltas y vueltas sobre los codos, rodillas y nudillos. Las piedras del pavimento volaban por todos lados en tanto que la bicicleta seguía dando tumbos en otra dirección. Me di cuenta de que no podía contra la inercia. Recuerdo vagamente haber visto el cielo azul, el pavimento y nuevamente el cielo azul mientras rodaba. Creo que fueron unos cincuenta metros en los que dejé literalmente parte de mi ser.

Cuando por fin la inercia cedió, me encontré tirado en el asfalto caliente. No había una sola de mis coyunturas que no estuviera raspada. Codos, rodillas, nudillos y hombros. Y no solo estaba raspado, sino que tenía piedras pequeñas incrustadas en cada lugar. No había parte del cuerpo que no me doliera. Es más, el simple hecho de pensar me producía dolor. Aún podía ver la nube de tierra que se había levantado a raíz de la caída. De fondo solo escuchaba la risa de mi primo. Se reía descontroladamente, a carcajadas. Creo que si en aquellos tiempos hubiéramos tenido una cámara para filmarlo, se habría convertido en un éxito en Youtube. Yo no sabía si reír o llorar.

¿Y ahora qué le íbamos a decir a mi tía? No había alternativa. No podíamos ocultar nuestra desobediencia. Habíamos ido a la calle de la colina.

El regreso fue lo peor. La única forma de volver era subiendo de nuevo la infame calle. El calor era horrible. No quise pedalear de regreso hasta la cumbre en la que había comenzado nuestro descenso, caminé como pude con la bicicleta a cuestas. Al llegar arriba (algo que me costó mucho trabajo), aún debíamos pedalear los quince o veinte minutos de regreso, los que, debido a las condiciones en las que me encontraba, se convirtieron en unos cuarenta y cinco minutos.

En el trayecto de regreso, a medida que pedaleaba, el aire me pegaba en las heridas. Estaba todo ensangrentado. El calor y el viento hacían que las heridas empezaran a cicatrizar. Pero al flexionar las rodillas para pedalear, volvían a abrirse. Parecía una tortura china. Y mi primo seguía riendo a carcajadas.

Llegamos a la casa y nos fuimos al patio de atrás esperando que nadie nos viera. Raúl trajo la manguera y con ella me lavé.

Nos metimos por la puerta trasera en el cuarto, pero tantas raspadas no podían esconderse. No sé cómo no terminé en un hospital. La regañada que nos dieron no la pudimos evitar.

Después de aquel momento se hizo oficial: No podía moverme. El resto de mis vacaciones de verano en Austin las pasé acostado en la cama sin poder flexionar ninguna parte de mi cuerpo, porque cada vez que me movía se volvían a abrir las heridas. Lo único que podía hacer era mirar televisión mientras el ventilador del techo daba vueltas produciendo un chillido al girar.

MTV estaba en la programación. No era el mismo canal de música que ahora. En ese entonces lo único que pasaba era vídeo tras vídeo. No había *realities* ni caricaturas. Solo videoclips.

Recuerdo dos vídeos que repetían una y otra vez. Uno era de George Michael con la canción *I want your sex*. Era muy sencillo. Solo se veía a George Michael bailando vestido con un saco tipo marinero y pinta de metrosexual con una chica oriental vestida solo con lencería. Eso fue antes de que se declarara gay. El otro era de un grupo que me gustaba, aunque no entendía muy bien de qué música se trataba. Llevaban botas texanas, pantalones de mezclilla, sombreros y pelo largo. Parecían más vaqueros que roqueros. En el vídeo se les veía caminando y cantando entre foquitos de colores. Estaban en Las Vegas, en la Freemont Street. Obviamente eso no lo sabía entonces. Lo sé ahora porque vivo en esa ciudad.

Aunque al principio no sabía si era música country o qué era, sonaba bien a mis oídos. No entendía ni papa de inglés, así que le pregunté a mi primo Raúl: «¿Qué cantan?». Él hablaba perfecto inglés, porque se había criado allá. Así que me dijo: «No sé. Creo que dicen que hablan en lenguas, que han tocado la mano al diablo y algo de King Kong». Lo único que me sonó lógico era lo de hablar en lenguas, ya que desde niños asistíamos a una iglesia pentecostal y era casi un requisito hablar en lenguas para ser espiritual. Pensé que la canción quizás hablara de cosas espirituales. A mi parecer, el hablar en lenguas era como alcanzar un nivel de espiritualidad distinto, aunque la propia vida no reflejara el carácter de Cristo. Eso pensaba en aquel entonces. Las otras partes de la canción no tenían sentido para mí, aunque hablar del diablo era de cristianos también.

inconforme

El grupo se llamaba U2 y la canción *I still haven't found what I am looking for* [Aún no he encontrado lo que busco]. Después supe que no decía nada de King Kong, sino que la canción hacía una referencia al Padre Nuestro y decía: «Venga tu reino», que en inglés es «Your Kingdom come», y que mi primo había entendido algo como «King Kong». Lo bueno era que él sabía inglés. ¿Qué hubiera sido si no?

Regresé a Durango con las costras todavía formándose en las heridas, pero me traje la bicicleta. Recuerdo que no solo me gané la regañada de mi tía, sino la de mi mamá al llegar.

En el otoño del mismo año, mi amigo Roberto, con el que había ido a la iglesia desde niños y también a la misma escuela, llegó con un casete. Cuando lo escuchamos, me gustó. Nuevamente estaba todo en inglés. Tarareábamos las melodías sin atinar a decir las palabras correctas ni entender lo que decían. No estaba mi primo para traducirme la segunda parte de King Kong. Pero era como si la música nos conectara con el sentimiento del cantante, sin importar lo que dijera. Mi amigo me prestó el casete y le saqué copia. Se trataba del grupo *The Police*. Recuerdo el gusto con el que escuchaba *Every breath you take* [Cada aliento que tomes]. Es más, en ese mismo momento busqué el tema una vez más en Youtube para volver a ver el vídeo. ¡Muy buena música!

No pasó mucho tiempo hasta que empezaron a circular en la escuela algunos casetes con recopilaciones de diferentes canciones. La diferencia era que estos ya venían en español. *Nene, nene ¿qué vas a hacer?* de Miguel Mateos, *La Muralla* con los Enanitos Verdes, *Devuélveme a mi chica* de Hombres-G, y *El Final* de Montana, entre otros. El grupo Montana luego cambió de nombre a Rostros Ocultos y tuve el placer de hacerme amigo de Arturo Ibarra, guitarrista de la banda. Eran otros sonidos y otros mensajes los que nos conectaban a todos. Otro lenguaje. Era un movimiento llamado *rock en español* con el que crecimos y nos identificamos.

Esa es la generación en la que me tocó vivir. No la escogí. Es como cuando uno sueña. En los sueños uno casi siempre está con personas que conoce o que cree conocer en un lugar específico, haciendo algo puntual. Y allí uno no se pregunta de dónde salieron todos o como llegó hasta ahí. Simplemente uno apareció en el lugar. Quizás por la corta duración que tienen los sueños, no nos da tiempo a preguntarnos muchas cosas; solo los vivimos. Así me pasó. Cuando tomé conciencia, ya era parte de esa generación. No me puedo arrepentir de ello porque es casi como el color de la piel: no lo escogí. No está a mi alcance cambiarme de generación, así como no está en mi poder cambiar el color de mi piel, a menos que sea como Michael Jackson.

Antes, las diferencias generacionales eran muy marcadas. En términos generales, las generaciones tienen que ver con bloques de pensamiento. Todo el mundo piensa y razona de una manera similar debido a que ha sido expuesto a los mismos sucesos o a la misma información. Los que vivieron la Segunda Guerra Mundial tienen una visión de la vida muy diferente de la que tiene la generación que vino tras ellos, con el movimiento hippie, los Beatles y la guerra de Vietnam. Mi generación no ha visto aún la guerra ni sus horrores. Por lo menos en México. Aunque últimamente el narcotráfico ha hecho sus estragos. A nosotros nos tocó presenciar el nacimiento y el desarrollo de las computadoras y de Internet.

Lo más dramático es que la brecha entre generación y generación cada vez se va haciendo mas pequeña. Antes se calculaba que había una distancia de cuarenta años entre una generación y la otra. Ahora con la supercarretera informativa es difícil saberlo. Los cambios son constantes y uno necesita adaptarse rápido para sobrevivir.

Hay muchas firmas que llevan a cabo investigaciones sociales que tratan de encontrar diferencias en las tendencias y comportamientos generacionales para poder ajustar los mercados a ellas. Mi amigo Howard Andruejol tiene una página que se llama «elbunker.net». En el 2010, Howard publicó un vídeo de una firma de investigación llamada BOX1824. El vídeo se titula *We All Want to Be Young* [1] [Todos queremos ser jóvenes], y se trata de un estudio llevado a cabo durante cinco años, antes de su publicación. «*Todos queremos ser jóvenes. Es atractivo. Es una explosión de hormonas. Es sexy y saludable*», así co-

[1] El vídeo «We All Want to Be Young» es resultado de varios estudios hechos por BOX1824 en los últimos cinco años. BOX1824 es una firma de investigación especializada en tendencias de comportamiento y consumo. Este vídeo tiene licencia libre por Creative Commons. Guión y dirección: Lena Maciel, Lucas Liedke y Rony Rodrigues. http://vimeo.com/31356864.

mienza el vídeo. Con un collage de imágenes explica cómo han ido cambiando las generaciones en los últimos años. Los que nacieron entre los años 40 y 50 fueron los primeros en conquistar el derecho a ser jóvenes y promovieron el serlo como un estilo de vida. Por fuera parecían despreocupados por la vida y medio locos; sin embargo, su discurso sobre el amor, la paz y el sexo libre aún sigue influyendo sobre nuestra cultura hasta el día de hoy. Cabe mencionar que ni la investigación ni ese vídeo fueron hechos desde un punto de visto religioso, sino social.

A esta le siguió la llamada Generación X, compuesta por los chicos nacidos entre los años 60 y 70; y yo formo parte de ella. Fuimos guiados por los estereotipos de las marcas y estilos de vidas. Aún seguimos vivos y tratando de adaptarnos al mundo.

Pero nuevamente las reglas han cambiado. Conocidos como la primera juventud global, los «Mileniales» (jóvenes norteamericanos nacidos después de 1982 que confían en el gobierno, admiran a sus padres, creen que es posible nacer pobre y convertirse en rico, son genios con las computadoras, responsables con respecto a las drogas... y quieren llegar vírgenes al matrimonio) han conquistado el mundo. Internet les ha otorgado un poder ilimitado de conocimiento. Las redes sociales han cambiado las reglas de las relaciones interpersonales. El pensamiento dejó de ser lineal para construirse con ideas separadas e independientes vinculadas unas con otras, como si fueran los *links* de Internet. Es una estructuración orgánica, quizás un poco incomprensible para los de pensamiento lineal, pero funciona y está dominando al mundo.

Para dar un ejemplo, cuando yo iba a la escuela primaria tenía que pasar por la clase A para llegar a la B, C y D sucesivamente. No podía conocer la información que se brindaba en la clase D sin terminar las anteriores. Hoy en día ya no es así. Cualquier chico con una computadora puede tener acceso a información de la A a la Z sin tener que respetar ningún orden específico. Eso definitivamente cambia la estructura mental acerca de cómo funciona el mundo.

¿Qué podemos hacer a partir de la información que tenemos sobre la generación actual? Lo que me queda claro es lo que no debemos hacer. Por ejemplo, no podemos tratarlos como si tuvieran una enfermedad.

Mi abuelito tenía un rancho. Íbamos a visitarlo en el verano para ver a los primos y pasar un buen tiempo allí. Cerca del rancho había un arroyo. Nos gustaba ir a bañarnos y lanzarnos desde las piedras más altas. Cierto día, después de ir a nadar durante varios días seguidos, me empecé a sentir mal. Primero parecía una gripe. Más tarde evolucionó hacia otra cosa. Ya en casa, todo empeoró. De repente el mundo comenzó a dar vueltas. Aun con mis ojos cerrados sentía que todo giraba. Mi papá me llevó cargando al hospital porque no podía sostenerme por mí mismo. El doctor me examinó y concluyó que tenía laberintitis, una enfermedad mejor conocida como vértigo. Me dio una medicina y pocos días después el vértigo se fue yendo hasta ceder. Cuando por fin pude caminar de nuevo, sentía como si tuviera un tapón en el oído. Nuevamente fui al doctor. Me revisó e indicó que me hiciera exámenes auditivos. Me pusieron unos audífonos y me dijeron que tenía que levantar la mano correspondiente al lado del que escuchara algún sonido. Así fui levantando una y otra mano a medida que oía algún tono. El veredicto final de los doctores fue que o la enfermedad o la medicina me habían dañado el nervio auditivo del lado derecho. Había perdido la capacidad de escuchar los sonidos medios. Si hubiera sido algo en el tímpano o el martillo, lo podrían arreglar. Pero siendo en el nervio, no tenía solución. Desde entonces he vivido sin escuchar los sonidos medios del lado derecho. Mis amigos se burlan de mí diciendo que en lugar de escuchar en estéreo, escucho en mono.

La única manera en la que se puede saber que alguien está enfermo es por los síntomas. Cuando comenzamos a sentir dolor en el cuerpo, estornudamos y sentimos escalofríos, por lo general eso significa que tenemos gripe. Uno toma un antigripal y listo. En unos días ya está bien. Si no mejora, busca otras alternativas. Hay enfermedades que se pueden curar. En mi caso, por más que he visto diversos doctores, no he encontrado medicamento o tratamiento para volver a escuchar con mi oído derecho.

En una ocasión me llevaron a una campaña de sanidad. Pasé al frente para que oraran por mí. Tenía como doce o trece años. Allí habían preguntado si había alguien sordo de algún oído o con algún defecto en una pierna. Me hicieron pasar al frente. El hombre oró primero por el que tenía un problema en la pierna.

inconforme

Lo sentó en una silla y se la estiró. Vimos como crecía. La gente vitoreaba y alababa a Dios por ello. Luego me tocó el turno a mí. El que oraba me puso la mano en la cabeza y oró por mí. Se quitó el reloj y me lo puso en el oído derecho y me preguntó: «¿Escuchas el reloj?». Le contesté: «No». Volvió a orar. Puso nuevamente el reloj en mi oído. «¿Lo escuchas ahora?». «No». Ya para la tercera vez sentía la presión de la gente que me miraba. Era como si yo tuviera la culpa de que Dios no me sanara. Ahora pienso que ni siquiera Jesús cuando estuvo aquí en la tierra sanó a todos. La Biblia dice que en una ocasión no sanó a todos los enfermos sino hasta el anochecer. En otra oportunidad no sanó a ninguno, y otra vez solo curó a uno. Para ese entonces, cuando me volvió a preguntar si escuchaba, lo único que atiné a decir fue: «Bueno… un poquito».

Dios no me sanó esa noche ni lo ha hecho en las ocasiones en las que se lo he pedido después. Él es Dios y sabe lo que hace. Por eso es Dios. Quizás nunca vuelva a escuchar. Estoy en paz con eso.

No podemos ver el cambio generacional como una enfermedad. Si el cambio generacional fuera una enfermedad, le daríamos una pastilla y la enfermedad se podría tratar. O podríamos orar por sanidad y confiar en que Dios sanara. Pero no es una enfermedad.

Tampoco es un pecado. No podemos tratarlo como tal.

«Así que comete pecado todo el que sabe hacer el bien y no lo hace», [2] le escribió Pablo a Santiago. La única solución para el pecado es el arrepentimiento. Es dejar de hacer las cosas que sabemos que no debemos hacer. Reconsiderar, aceptar que hicimos mal y redirigir nuestros pasos hacia lo que sabemos que debemos hacer. La historia está llena de gente que se arrepintió, y eso es un requisito y una consecuencia de abrazar la fe cristiana.

Si el cambio generacional fuera pecado, entonces con arrepentimiento se arreglaría. Pero no es un pecado.

Tampoco podemos tratarlo como un demonio, los chicos no están endemoniados.

---

[2] Santiago 4.17.

Don Fermín García fue mi pastor y mi amigo cuando estuve en el área de San Diego, Tijuana. Él me contó que un día, durante los años 60 ó 70, lo llamaron de Nueva York porque tenían allí una chica endemoniada. Ella misma se decía profetisa, pero, según me dijo él, estaba muy endemoniada. Ya había confundido a demasiadas personas en la iglesia con sus extraños poderes y por eso solicitaron la presencia de ese pastor. Según él me relató, hubo una lucha espiritual casi cuerpo a cuerpo. No creo que fuera tan divertido como las películas de Harry Potter en las que salen luces con los encantos y los seres espirituales se manifiestan como entes de bruma, humo y color. Lo que sí me dijo fue que cuando la mujer quedó libre, lanzó un fuerte eructo. Cuando lo hizo, las puertas y ventanas del lugar en el que estaban (creo que era un templo) se rompieron, con bisagras y todo. Al final llegó la policía y al otro día salió la nota en el periódico.

Pero esto no tiene que ver con un demonio. Ni siquiera con un demonio de rebeldía, aunque en mi lado espiritual creo que existen e influyen en la vida de las personas y pueden llegar a poseerlas, pero eso sucede sin importar en qué bloque generacional estén. Si fuera un demonio, con exorcizarlo saldría y la gente quedaría libre. Tenemos la autoridad que Jesús nos otorgó a sus discípulos para actuar sobre ellos y con solo clamar a él, saldrían. Pero no se trata de un demonio.

Si no es una enfermedad, ni un pecado, ni un demonio, ¿entonces, qué es? ¿Cómo explicar un comportamiento tan diferente al de la generación anterior? ¿Qué hacemos?

Antes de entrar en pánico y lanzarnos a organizar congresos con talleres que hablen de cómo curar a esta generación, antes de predicar que hay que arrepentirse del cambio generacional, o de la mejor manera de presentarle batalla espiritual, tenemos que darnos cuenta de que no se trata de una enfermedad, ni de un pecado, ni de un demonio. No es algo que esos chicos hayan adquirido y se les pueda quitar. No es algo que se les haya metido adentro, ni que hayan hecho mal. En realidad, se parece más al ADN de una persona. Es la manera en que sus circuitos están conectados por dentro. Es la forma en que toda una generación procesa sus pensamientos.

La iglesia siempre ha tenido problemas para adaptarse al cambio. Siempre juzga duramente lo que no entiende. Eso me

inconforme

preocupa, porque el mundo está cambiando tan rápido que a veces es difícil tratar de entenderlo.

Hace unos días escuché la noticia de que un pastor arremetió contra Facebook. Desde el púlpito dijo que era una muy mala influencia para las personas porque instaba al adulterio.

Si yo voy a una tienda a comprar un martillo, no voy a encontrar una sección de martillos bondadosos y martillos malvados. El martillo no tiene moralidad. No existe un martillo con bondad y otro con maldad. Lo que llevo a cabo con él es lo que hace la diferencia. Puedo construir una hermosa casa o puedo hacer lo que hizo un hombre llamado Jian Dong, de 48 años de edad, que mató a un cliente a martillazos porque no quería pagarle por su trabajo. El hecho ocurrió en Sidney, Australia. El martillo no es culpable de lo que hagamos con él. Simplemente es un martillo. Si uso Facebook o cualquier otra aplicación o red social para pecar, Internet no tiene la culpa.

Obviamente, por sus ridículas declaraciones, fue noticia nacional en Estados Unidos. Ese hombre les había solicitado a sus líderes que cerraran sus cuentas si no querían ser destituidos de su posición. Esta es una práctica común en la iglesia.

También recuerdo haber escuchado en 1998 a un pastor hispano en San Diego, California, hablar en contra de Internet por las mismas razones. ¡Qué tontería! Hoy en día su iglesia tiene una página web y buscan la manera de conectar a las personas por e-mail.

Otra cosa que puedo decir es que he vivido en Las Vegas durante los últimos años. A todo el mundo, cuando piensa en Las Vegas, lo primero que le viene a la mente es: «La ciudad del pecado». Y sí, es una ciudad en la que resulta fácil hacer lo que a uno le venga en ganas. Al final de cuentas: «Lo que pasa en Las Vegas, se queda en las Vegas», dice el eslogan de la misma ciudad. Pero muchos de mis amigos que han «metido la pata», no precisaron ir a Las Vegas para hacerlo. En realidad, el que quiere pecar lo va a hacer, sin importar dónde se encuentre.

También la iglesia tiene una tendencia a desacreditar el tipo de investigaciones como la de BOX1824. «Las estadísticas no sirven para nada», dijo un líder cristiano muy conocido hace poco en un congreso al que asistí cuando le preguntaron sobre el bajo porcentaje de personas que están siendo alcanzadas en cierta parte del mundo en la que él está. Eran números arrojados por el censo de 2010. La cinta métrica no tiene la culpa de que cuando nos midan descubramos que somos uno o dos centímetros más bajos de lo que creíamos.

Regresando al tema del pastor que condenó a Facebook, menos de una semana después de hacer estas declaraciones y de convertirse en noticia nacional en Estados Unidos por ello, tuvo que renunciar a su puesto ya que se descubrió que él y su esposa habían hecho un trío en la cama con uno de sus asistentes unos años atrás. Y Facebook no existía cuando lo hicieron. Para vergüenza de todos, también fue noticia nacional.

En realidad, en lugar de ver todos estos cambios generacionales como una amenaza, deberíamos considerarlos como una oportunidad para conectarnos con otros y compartir el evangelio.

Una de las características presentes en el ADN de esta nueva generación es que tienen un alto grado de realismo. Sus grandes ídolos no son figuras totalmente idealizadas, sino personas comunes y corrientes, que logran realizar sueños pequeños y posibles que no tienen nada de utópicos.

Eso constituye un gran alivio para mí, porque mi vida espiritual sigue estando en proceso. A pesar de que sé que Cristo vive en mi corazón, aún no llego a dejar de pecar, si es que eso es posible de este lado de la eternidad. No tengo que pretender que soy una persona especial que posee una línea directa y exclusiva con Dios para impresionar a los demás de modo que crean en mí. Solo tengo que ser sincero y decirles que he pecado y que sigo pecando, pero que Dios muestra su amor con nosotros en que aún siendo pecadores, Cristo murió por nosotros.[3] Si hablo de los pecados y tentaciones con los que todavía lucho, no se van a asustar, porque es lo que están buscando. Ellos también se cuestionan y batallan con cosas que quieren dejar y no pueden. Si les digo que es difícil ser disciplinado para leer la Biblia a diario y que una que otra vez se me pasa, sabrán que soy franco. Están esperando ver gente común y corriente

---

[3] Romanos 5.8.

que logra metas realizables. Cristianos normales, por decirlo de alguna manera.

En una ocasión, cuando era líder de jóvenes, tuve una conversación con unos amigos, también líderes de jóvenes, de una iglesia bastante grande en Argentina. De una manera u otra, comenzamos a hablar del noviazgo. Yo expresé mi opinión acerca de que uno podía casarse con quien quisiera. Que era una decisión personal y parte del libre albedrío. Sostuve que no había una sola persona con un perfil específico para uno. Y que cada cual podía tomar la decisión de casarse con quien deseara y ser igualmente feliz, en una u otra relación. Recuerdo que mi amigo no estuvo de acuerdo. Me aclaró: «Yo les enseño a mis chicos que solo hay una persona para ellos. Solo una. Y es responsabilidad de ellos encontrarla». Lo cuestioné, preguntándole: «Entonces, si solo hubiera una sola persona correcta, existiría un cincuenta por ciento de probabilidades de equivocarse, ¿no es así? Si eso fuera cierto, entonces el que enviuda no podría casarse de nuevo, por ejemplo». Lo pensó por un momento y me respondió: «Creo que tienes razón, pero no le puedes enseñar eso a los chicos, porque van a andar de noviazgo en noviazgo por toda la iglesia». Enseñar cosas bien intencionadas, pero fuera de la realidad, siempre produce malos resultados y frustración. Y al final la gente termina culpando a Dios por ello.

¿Qué nos dice todo esto? Que el mundo cambió. Que la manera en que la gente percibe las cosas se modificó. Que el lenguaje sufrió variaciones. Que es preciso mutar para adaptarse.

Dios no ha cambiado. Él nunca lo ha hecho. Nosotros en esta tierra sí.

La Biblia fue escrita para una raza específica, en un tiempo determinado y para una cultura puntual, pero con principios universales para todas las razas, todos los tiempos y todas las culturas. Así como se tradujo la Biblia del arameo, hebreo y griego al español, es necesario no solo volverla a traducir, sino sacar esos principios y contextualizarlos, porque esta generación y cultura tienen su propio idioma.

«Puedes comprenderlo y ser parte, o sentarte plácidamente y acomodarte. Al final, ser joven es ser sexy y divertido. Pero es mucho más que eso. Viene con cuestionamientos y grandes ambiciones. Si crees que ya sabes lo suficiente y estás en paz con tu espacio en el mundo, entonces... ¡felicidades! ¡Estas oficialmente muerto!». Concluye el vídeo de BOX1824.

Ronald Reagan, el ex presidente de los Estados Unidos, fue el que dijo: «La libertad no está sino a una generación de extinguirse». Pero no solo la libertad, también la verdad, los ideales y la iglesia.

Al fin de cuentas, veo solamente tres opciones: La primera es que la iglesia actual cambie, un asunto nada fácil. La segunda es que otro tipo de líderes con otro tipo de iglesias se levanten. Dios muchas veces ha esperado que una generación muera para que otra surja, como en el libro de Jueces. La tercera es la extinción, como lo señaló Reagan.

Quizás pienses que estoy exagerando, pero en muchos países de Europa ya ha ocurrido. Las grandes estructuras en las que hace cien años se alababa a Dios, hoy se han transformado en museos en los que uno paga cinco dólares para entrar y recorrerlos. ¿Quién impedirá que eso pase acá?

Y todo esto por una caída de la bicicleta.

capítulo 2

No quiero ser cristiano

Estaba por terminar la preparatoria y no sabía qué estudiar. Como no mostraba una habilidad específica, mis papás me mandaron a hacer un test de orientación vocacional. Consistía en una serie de preguntas y juegos mentales que se suponía que me ayudarían a saber en qué podría ser bueno en la vida. Quería que me dijeran: «Serás buen abogado y ganarás muchos casos» o «Te convertirás en un gran diseñador e irás a trabajar a Nueva York» o «La política es lo tuyo y llegarás a presidente», como si el examen tuviera alguna capacidad para predecir el futuro. Pero no. El resultado fue un tanto incierto. La conclusión de la psicóloga que me evaluaba fue que podría hacer lo que yo quisiera en la vida. ¿Qué clase de respuesta es esa? De hecho, en ese entonces tenía muchos conflictos con mis papás porque deseaba hacer lo que yo quería y no me dejaban. Conflictos de adolescente. No esperaba que ella me dijera lo que ya sabía. Ese test de orientación vocacional me dejó más confundido que nunca. «Haz lo que quieras. Tienes un cincuenta por ciento de probabilidades de tener éxito y otro cincuenta por ciento de posibilidades de fracasar». ¡Vaya respuesta! Creo que en realidad debo haber reprobado el examen y la psicóloga no me quiso desilusionar. Fui un caso inconcluso para los tests de orientación vocacional.

En ese entonces mi papá tenía un taller en el que arreglaba llantas. No era un taller pequeño. De hecho, tenía contratos con compañías como Coca Cola y algunas madereras locales para realizar el mantenimiento de las llantas de sus camiones. Una de las cosas que no me gustaban del taller de mi papá era que nunca lo veíamos. Él se iba y no regresaba hasta la noche. Muy pocas veces se tomaba vacaciones y cuando lo hacía era a regañadientes, por insistencia de mi mamá. Eso sí, nunca nos faltó nada.

inconforme

Como la dirección de mi vida no era nada clara, lo mas lógico fue que me quedara con el taller. Así que sin más, y empujado por el deseo de mi papá, me anoté para hacer el examen de admisión en el Instituto Tecnológico de Durango en la carrera de ingeniería mecánica.

Mi papá no sabía tocar la guitarra, pero por algún azar del destino tenía una no muy buena en el armario. Durante la preparatoria se me exigió que tomara alguna clase complementaria. Podía ser algún deporte o guitarra. Como nunca he sido bueno en los deportes, opté por la guitarra.

Por el lado de mi papá tengo una familia muy grande. Cuento con más de cien primos hermanos. A muchos ni siquiera los conozco. Pero muchos otros son contemporáneos míos. Del lado de mi mamá no tengo tantos. Sé de dos o tres que tocan la guitarra, como mi primo Gerardo, que es doctor, o Rogelio, que es pastor. También mis primos los Castillo lo hacen. De hecho, mis primas tocaban en un conjunto de mariachis en San Antonio, Texas, hasta hace no mucho tiempo. Moisés, otro primo, estuvo muchos años en la rondalla de Saltillo. Pero en sí, no recuerdo que seamos por naturaleza una familia de músicos.

Las clases de guitarra que tomé estaban a cargo de otro estudiante. Nos enseñó a afinarla a medias y nos introdujo a los acordes básicos. Do-Re-Mi-Fa-Sol-La-Si. No era una clase cualquiera de guitarra. Pensé que cuando terminara las clases iba a poder tocar las canciones de moda que escuchábamos. Pero no. Las clases eran para aprender a tocar guitarra con boleros y rancheras. Aún recuerdo las horas que pasé tratando de ejecutar *Reloj no marques las horas*. Cuando terminé el curso, era capaz de tocar las mañanitas y... bueno, eso era todo.

Me fui y compré unos cursos de guitarra fácil en la tienda de revistas, con las canciones de los grupos de moda del momento. Los acordes eran los mismos que me habían enseñado y cuando tocaba las canciones, los acordes se oían más o menos. Ahora sé que en realidad no eran los acordes originales. Solo enseñaban los que «más o menos» quedaban para que uno tocara «más o menos». Por algo el curso se llamaba *Guitarra fácil*. Si hubiera sido *Guitarra un poquito más difícil*, nadie lo habría comprado.

Ese verano fue muy intenso. Terminé la preparatoria y casi no me quedaba tiempo para otra cosa que estudiar para el examen de admisión. Miles de estudiantes se presentaban, muchos no lograban aprobarlo y de ese modo quedaban afuera del sistema escolar. Con aquellos compañeros de clase que también se iban a presentar al examen, compramos todas las guías de estudio posibles y nos dimos a la tarea de juntarnos a estudiar.

En ese entonces mi mejor amigo se llamaba Caleb. Era el hijo más chico de Mario Carrasco, pastor de la iglesia a la que mi mamá nos llevaba desde niños. Nos juntábamos siempre alrededor del templo, ya que él vivía como a dos cuadras de ahí. Una familia de la iglesia que viajaba mucho lo dejaba encargado de cuidar su casa. Entonces él me invitaba a ir y acompañarlo. Casi siempre nos comprábamos una hamburguesa en la calle. No hacíamos nada en particular, solo compartir nuestros sueños e ideas. Caleb y yo crecimos juntos en la iglesia.

Hubo mucha gente que marcó mi vida allí. Mucho de lo que sé de la Biblia el día de hoy no lo aprendí en la escuela bíblica, sino en las clases de Escuela Dominical de aquella congregación. Nos hacían aprender muchos versículos y nos exponían a las historias bíblicas, algo que les agradezco hasta hoy.

Nunca me ha gustado tener dos caras. Recuerdo que cuando tenía como doce años, cierta vez mi tía llevó en su auto a una persona desde el templo hasta su casa. Me acuerdo que era de noche. Arturo, que así se llamaba, era un señor ya grande con hijos mucho más grandes que yo. Se veía como cualquier cristiano típico. «Dios lo bendiga», decía al saludar y usaba una o dos palabras que solo los cristianos conocemos. Llevaba su Biblia bajo el brazo y asistía regularmente a todas las reuniones. Esa noche mi tía tuvo que pasar primero por su casa, que quedaba en el camino, antes de llegar a la casa del Sr. Arturo. Me quedé solo con él en el automóvil y él comenzó a hablar. Sacó una moneda. Me preguntó si veía que tenía dos caras. Le dije que sí. No sé qué tantas sandeces más me dijo, pero lo que sí recuerdo es que su conclusión fue que así era la vida. Desde ese día me cayó mal. Lo dejamos en su casa, pero me quedé pensando. Lo que él me había dicho iba en contra de lo poco que yo sabía de la Biblia. Esa noche decidí que mi vida no sería como una moneda. El que viera mi cara conocería la única que yo tenía. Al final, resultó ser que el mentado señor Arturo tenía dos familias, hijos regados por todos lados y su lado cristiano era solo eso, una faceta más de las múltiples que poseía.

Creo que por eso siempre me siento extraño cuando alguien que no conozco me contacta por Facebook o me manda un e-mail con mucho léxico cristiano. «Dios te bendice, varón de guerra. Que la sombra del altísimo esté sobre ti». Es como si se tratara de un capítulo perdido de la versión Reina Valera. Se me eriza la piel de solo pensarlo. Sé que el saludo y el deseo vienen con buena intención, pero con un «Hola» a veces es suficiente. Tampoco sé si lo hacen por costumbre o porque quieren que piense que son muy espirituales. Lo que si sé es que cualquiera puede hablar en «cristiano» sin serlo. Caleb no era así. Supongo que por eso me caía bien. Esa era la razón por la que éramos amigos.

Por lo menos yo recuerdo haber sido muy sincero. Un día estaba conversando con Salvador, cuñado de Caleb, y me preguntó si quería recibir a Cristo en mi corazón. Eso implicaba que me tenía que convertir en «cristiano». El único parámetro de lo que significaba ser cristiano era el que había visto en la iglesia a la que había asistido de niño. Para hombres y mujeres tenía una connotación distinta. Aparte de la confesión de pecados, el bautismo y la comunión, «recibir a Cristo» para los hombres implicaba comenzar a caminar con una Biblia bajo el brazo, hablar en «cristiano» y reemplazar los pantalones de mezclilla por pantalones de vestir, camisa y corbata, aunque no combinaran. Para las mujeres resultaba un tanto más complicado. Ellas tenían que renunciar definitivamente a usar pantalón, a cortarse el pelo y a maquillarse. Eso por mencionar solo algunos de los requisitos.

Había, y aún hay, mucha gente buena en esa iglesia y en iglesias similares. Personas sinceras que aman realmente a Dios y para las que adoptar estas prácticas no es un problema. Entiendo que no constituía un requisito para la salvación, pero sí para pertenecer. Y no era posible conocer más de Dios o participar activamente si uno no pertenecía al grupo. Era la manera de «medir» el compromiso que alguien tenía con Dios. Por eso para muchas personas que deseaban conocer más a Dios el cambiar algunas costumbres era lo de menos. ¡Lo que querían era a Dios! Pero no podían conocerlo sin antes pertenecer. Eso complicaba la situación, porque siempre existía la presión de que otros supieran, a través de esas pequeñas acciones, que uno estaba bien con Dios.

«Si quieres ser parte de nosotros, primero tienes que creer lo que nosotros creemos y luego ser como nosotros». El problema que conlleva esa postura es que la gente tiene que cambiar antes de ser cambiada por Dios para poder pertenecer a la iglesia.

La idea que subyace bajo esta manera de actuar se manifiesta en tres pasos: convertirse, creer y pertenecer. El primero de ellos es convertirse, cambiar la manera de vivir. Actuar como si uno ya perteneciera al grupo. El segundo punto es creer. Cambiar la manera de pensar. Tener fe. Creer lo que nosotros creemos. Y el tercero y último, pertenecer. Como uno ya se ha arrepentido y tiene fe, Dios lo perdona y lo hace su hijo. Ahora es salvo y ha sido reconciliado con él. Se le da la bienvenida a la familia de Dios.

Parece un orden lógico. Supongo que son los pasos de cualquier grupo al que alguien aspire a pertenecer.

Nosotros por lo general decimos que una persona se «ha convertido» cuando repite la oración del pecador. Nos basamos en Romanos 10.9, en donde Pablo señala:

Si confiesas con tu boca que Jesús es el Señor, y crees en tu corazón que Dios lo levantó de entre los muertos, serás salvo.

Oramos algo así: «Señor Jesús, perdona mis pecados. Te reconozco como el Señor y Salvador de mi vida y creo que tú resucitaste de los muertos. Amén». He ayudado a muchas personas a repetirla. Miles quizás, a través de los conciertos y de la iglesia que pastoreo. Lo más probable es que seguiré haciéndolo por mucho tiempo. Pero sé que repetir una oración no cambia el corazón de la gente. Jesús mismo antes de enseñar a orar a sus discípulos les dijo que no hicieran como aquellos que creían que serían escuchados por sus repeticiones.

Lo que la oración del pecador hace es poner palabras en la boca de una persona que no sabe cómo hablar con Dios. Es como la letra de una canción. ¿Por qué el chico que no sabe cantar ni tocar la guitarra hace el esfuerzo de aprender una canción de amor para cantársela a su novia? Porque lo que hace la canción es poner palabras en su boca que, a lo mejor, a él nunca se le hubieran ocurrido. Lo mismo sucede con la oración del pecador. Estoy seguro de que aunque el chico cante de un modo horrible y toque aún peor, la novia lo va a escuchar y a mirar como si fuera Luis Miguel.

La oración del pecador que solemos hacer es muy parecida a una pintura. La oración es parte de la obra, un color quizás. Pero no es la pintura en sí. La pintura se compone de muchos colores, trazos y matices que cuando se conforman y contraponen a través de líneas y figuras, forman una hermosa obra de arte. ¿Es algo necesario? No estoy tan seguro.

La práctica de hacer la oración del pecador no comenzó en los tiempos de Jesús, ni mucho menos con los doce apóstoles. Tampoco se menciona en la Biblia. No tuvo lugar en el primer siglo de la iglesia primitiva ni en el segundo, sino que apareció hace apenas unos 150 años. Entonces, ¿cómo hacían las personas para convertirse antes de esto? Decimos que alguien se convirtió cuando repite la oración del pecador. Sin embargo, ¿es posible que la «conversión» como la entendemos hoy (hablando de la oración del pecador) no fuera la meta de Jesús?

Una historia que me ha llamado mucho la atención es la de John Wesley. Él estudió para clérigo como si se tratara de una profesión más que de un llamado. Después de luchar con su alma por mucho tiempo para dejar de pecar y estar bien con Dios a través de sus propios medios, escuchó la lectura de un escrito de Lutero. De repente el círculo de la idea se cerró en su mente. Todo lo que había estudiado y leído cobró vida. Jesús era Dios y tenía sentido. Las palabras de Jesús tenían poder transformador. Hubo un cambio radical en su corazón ese día. De ahí en adelante la pasión por hablar de Dios resultó en más de cien mil personas que seguían sus enseñanzas solo un año después. Él y su hermano Charles trajeron un cambio relevante a Inglaterra y al mundo, no solo a nivel religioso, sino cultural y político. En su historia no se menciona que alguien lo haya dirigido a hacer la oración del pecador. Fue un súbito momento de revelación divina. Un cambio real y no inducido.

César Millán alcanzó la fama con un programa llamado *El encantador de perros*. En una de sus mejores temporadas, más de once millones de personas se sentaban frente al televisor para ver cómo lograba modificar la conducta de los mejores amigos del hombre. Una de las filosofías de César era que hay que rehabilitar a los dueños de los perros para que sepan cómo tratarlos. Lo que los perros necesitan para obedecer es un buen liderazgo. Vi un programa en el que él daba una conferencia en una compañía de diseño en la que se les permitía a sus empleados llevar a sus mascotas caninas al trabajo. Parecía más una clase de liderazgo de John Maxwell para dueños de perros que otra cosa.

Por lo general se logra que un perrito modifique sus hábitos con un programa de «cambio de conducta». Es posible enseñarle a saludar con la pata o a dejar de hacer pipí en el jarrón en el que se guardan las cenizas del abuelo. Lo más económico, para no tener que contratar los servicios de César Millán, es educarlo a base de «periodicasos». Finalmente es posible cambiar la conducta del perro. Pero si un día dejas al animalito solo a la intemperie, sin la amenaza del periódico, tarde o temprano su instinto lo va a llevar a ser perro y a comportarse como los perros. Francamente, creo que muchas veces estamos más interesados en los programas de «cambio de conducta» que en los de cambio de corazón.

Hay una transformación que es visceral. Un cambio que sucede desde adentro, un cambio de naturaleza, una necesidad de dejar de pecar al haber encontrado la propia identidad en Jesús. Ese cambio se nota. Es un brillo en los ojos, es una lágrima cuando se habla de ello. Es un hambre por leer la Biblia. Es un candor en el corazón cuando se habla de Dios. Esa transformación tiene lugar de adentro hacia afuera. Ese cambio es posible al tener un encuentro verdadero con el Creador. Al hallar a un Dios que nos ama a pesar de lo que hayamos hecho. Es posible porque nos encontramos con un Salvador que estuvo dispuesto a ir a la cruz en nuestro lugar. A la vez estamos dispuestos a dejar todo por seguirlo. ¿Cómo no hacerlo? ¿Qué puede ser más valioso que hallar esa salvación? ¿Qué puede tener más valor que encontrarse con el Dios de amor? Ni una relación, ni dinero, ni nada. Solo Dios puede producir ese cambio.

Si hemos tomado como referencia el que alguien haga la oración del pecador para considerarlo convertido, me pregunto: ¿Qué tal si nuestra referencia fuera incorrecta?

inconforme

Muchas veces, al vivir en Estados Unidos, he oído que algún ministerio ha hecho tal o cual evento en México y que cincuenta mil personas se convirtieron. En otras palabras, aquello significaba que esa cantidad de personas habían hecho la oración del pecador y dejado sus datos en una papeleta. Lo mas lógico sería que se hubiera levantado una iglesia de cincuenta mil personas, o diez iglesias de cinco mil, o muchas iglesias de mil. Sin embargo, cuando tuve la oportunidad de visitar esas ciudades, me pregunté dónde habría quedado toda esa gente.

Hace poco una persona vino a decirme que le había sugerido a su pastor que me invitara a su congregación. Fue por su propia iniciativa. El pastor le dijo que no me podía invitar porque yo no tenía «testimonio». Me causó curiosidad. Por un momento pensé que no tener testimonio quería decir que él pensaba que yo vivía en pecado o algo por el estilo. Le pregunté a qué se refería su pastor con que yo no tenia testimonio. Lo que el pastor quería decir era que Dios no me había rescatado ni de las drogas ni del alcohol. Entonces entendí que lo que el pastor buscaba era «testimonios de poder». Un testimonio de alguien que de un día para otro hubiera dejado las drogas o el alcohol por un acto milagroso; o de un famoso que se hubiera convertido; o tal vez algún testimonio más escandaloso que el mío. Y sí, reconozco que Dios no me sacó de ningún lado. Si se me permite decir algo en mi favor, he sido adicto a los M&M's y a la Coca-Cola, pero sigo luchando contra ello.

En ningún momento dudo del poder transformador de Dios en la vida de las personas. Pero estoy seguro de que debe haber más testimonios como el mío, en los que el cambio ha sido gradual y a causa de andar con Jesús. Aún hay cosas hoy en día con las que sigo batallando. Casi a diario tengo que hacer un inventario de mi vida y registrar lo que entra y lo que sale. A veces el balance no es bueno. Pero sigo intentando vivir como Cristo dijo que viviéramos. Es un estilo de vida de todos los días.

Creo que gracias a esos testimonios de poder nos hemos forjado la idea de que un estilo de vida pecaminoso es como una enfermedad que debe ser sanada por Dios. Está fuera de nuestra responsabilidad. El cambio tiene que ocurrir de un día para otro, si no, no cuenta. Y si Dios no nos cambia de un día para otro es porque no nos quiere sanar, o no nos escucha, o no somos lo suficientemente buenos como para que lo haga.

Estamos esperando que las personas tengan ese toque divino y que cambien para que puedan pertenecer a nuestro grupo. ¿Y qué de los miles que quieren a Dios, pero que no pueden dejar de tomar, fumar o drogarse de un día para otro? ¿Hay lugar para ellos entre nosotros?

En Las Vegas existe una fuerte industria del entretenimiento para adultos. Desnudistas, bailarinas de cabaret y prostitutas. Es bien conocido que muchas de ellas llegan de incógnita a los servicios de Central, la iglesia de la que soy pastor. Como Central es una iglesia grande, resulta fácil mezclarse entre la multitud. La razón por la que llegan es porque a pesar de trabajar en lo que trabajan, la necesidad que tienen de Dios las impulsa. Entendemos que Dios deberá hacer la obra a su debido tiempo y no nosotros. Nadie las va a juzgar. ¡Cuántas veces he escuchado el eslogan «Ven tal como eres» o «Todos son bienvenidos»! Sin embargo, cuando llega el chico de pelo azul, el tatuado, o la chica de veintiún años con cuatro hijos de tres hombres diferentes, todo el mundo los elude. Y no es que aquellas chicas vengan vestidas como suelen vestirse para trabajar. Se trata de personas normales con vidas rotas, como muchos de nosotros.

Jesús hizo algo diferente. Él vino y cambió el orden de las cosas. Jesús recibía a todos, sin importar quiénes fueran, aun cuando no tuvieran su vida resuelta o no tuvieran claro si creían que él era el Hijo de Dios. El orden que Jesús enseñó con su ejemplo fue pertenecer, convertirse y creer. Por eso los fariseos se enojaban con él, pues al cambiar el orden les quitaba la exclusividad de Dios. En la Biblia podemos encontrar varias ocasiones en las que incluso hablaban mal de él a sus espaldas porque se sentaba a comer con publicanos y pecadores, y se suponía que ellos eran los últimos en la lista de amigos de Dios. Jesús no tenía problema para juntarse con los peores de los peores. Él dijo: «Al que a mí viene, no lo rechazo».[1]

Cuando Jesús llamó a Pedro y a Andrés, les dijo que lo siguieran y que los haría pescadores de hombres.[2] Intento ponerme en sus «sandalias», y supongo que en ese momento ellos no entendieron lo que Jesús quería decir. Él era consciente de que no tenían una idea correcta de quién era él, porque en algún

---

[1] Juan 6.37.

[2] Mateo 4.19.

inconforme

momento de la travesía se dio vuelta y les preguntó: «Y ustedes, ¿quién dicen que soy yo?».[3] Obviamente, a veces tenían sus dudas, como cuando Pedro se hundió en la tormenta. También Jesús sabía que aquellos más cercanos un día iban a huir. Tenía en claro que Pedro lo iba a negar. De hecho, en su caminar con Jesús se ve a los discípulos discutiendo sobre quién sería el mayor. Había una invitación abierta de parte de Jesús a que lo siguieran, a que caminaran con él. Y en ese proceso de caminar con Jesús fueron trasformados. No antes.

Hace unas semanas estuve dando un taller en el que hablé de esto. Alguien levantó la mano y me preguntó si eso significaba que debíamos ser una iglesia liberal y ligera, a la que no le importara el pecado. ¡Claro que no! Pero hay que reconocer dos cosas. La primera es que no podemos controlar el nivel de pecado de nadie. El pecado es una cuestión del corazón. Alguien puede mostrar una actitud de piedad, pero vivir una vida de pecado en lo oculto. El orgullo, por ejemplo, es un pecado común entre los cristianos. Sentimos orgullo por nuestra congregación o por nuestra organización. Simplemente a veces sentimos orgullo de ser cristianos. Ese orgullo nos hace considerar a los demás (crean lo que creyeren) como inferiores a nosotros. Esa es una actitud totalmente contraria a la de Jesús. Sin embargo, y a pesar de que el orgullo se infiltra muy bien en nuestras filas, no es un pecado evidente a simple vista. El que quiera empezar a ejercer control sobre los pecados de otros tiene que comenzar por este.

Lo segundo que debemos tener en cuenta es que tenemos que confiar en el poder transformador de la Palabra de Dios. Si no creemos que la Palabra de Dios, a través del Espíritu Santo, es capaz de cambiar la vida de la gente, vamos a querer hacer lo imposible por cambiarla nosotros. Y si esos cambios no son visibles rápidamente, entonces no les permitiremos pertenecer a nuestro grupo. No encontrarán lugar en nuestra congregación.

Tenemos que tener la puerta abierta para cualquiera. Nuestro eslogan debería de ser: «Ven como eres, pero no te vayas como llegaste». Aunque ese «no te vayas como llegaste» nos lleve diez años.

[3] Mateo 16.13-15.

La Biblia deja en claro que Dios es el que toma la iniciativa de buscarnos, y no al revés. Vez tras vez nos encontramos con que él «vino a buscar y a salvar lo que se había perdido»,[4] o sea a ti y a mí. El proceso de Dios en nuestra vida es muy parecido a una cadena de eventos y sucesos en la que Dios interviene. Por ejemplo, una señora puede estar mirando una telenovela. La figura principal es una mujer a la que su marido le pega. Mientras ella plancha, ve cómo una vez más la protagonista de la novela recibe una golpiza. Ella se siente identificada con el personaje y comienza a llorar. Ora a Dios y le dice: «¡Dios mío, ayúdame!». Quizás para ella ese haya sido un momento divino. Un eslabón en la cadena. Después, tal vez alguien le regale un disco de música cristiana (de Edgar Lira por supuesto) y Dios le hable a través de él. Es posible que otra persona le obsequie una Biblia o le hable de Dios. Cada suceso, cada evento es parte de un plan de Dios de ir tras esa persona. Quizás entre evento y evento pase una semana, un mes o un año. No sabemos. Pero es Dios obrando.

Craig Gross, creador de XXXchurch.com, una página cristiana que ayuda a los adictos a la pornografía, estaba hablando en un congreso llamado Catalyst acerca de por qué muchas personas habían decidido darle la espalda a Jesús. «Por lo menos le dieron la espalda en base a lo que les dijeron», señaló y luego agregó: «El problema es que la visión y los valores de Jesús han sido saboteados, torcidos, re-etiquetados y distorsionados durante los últimos dos mil años. Aquellos que fueron siguiendo a Jesús, empezaron a redefinir su plan para que cupiera dentro sus propios planes, de sus propios intereses y de su mundo. El concepto de vivir una vida de sacrificio, que resultaba atractivo para aquellos que estaban destrozados, fue remplazado por un poder y una exclusividad religiosa destructiva. Los de adentro de la iglesia se convirtieron, precisamente, en aquello que odiaban. El mensaje de Jesús fue saboteado tanto por evangélicos descarriados como por evangelistas engañadores.

»En lugar de un Salvador que vino para convertirse en un puente que uniera a Dios con los hombres, la imagen de Jesús se ha convertido en la de un religioso que gobierna como un *micro-manager* todos los eventos de tu día. La imagen incorrecta es la de un rollo de reglas y reglamentos lleno de "no hagas". Su

---

[4] Lucas 19.10, Mateo 18.11.

único deseo es quitarte la libertad y la diversión y excluir a todas aquellas personas que no dicen y hacen siempre las cosas correctas».[5]

Lo que él dijo es duro, pero cierto.

En mi caso particular, yo sabía que era cristiano porque había heredado esa religión. No era budista. No era musulmán. En realidad no conocía otra cosa. Sinceramente quería conocer a Dios, pero irónicamente lo que me impedía que lo hiciera era el mismo «cristianismo» que había visto. Es por eso que entiendo lo que Gandhi quiso decir cuando le preguntaron su opinión sobre Jesús: «Me gusta su Cristo, pero no me gustan los cristianos. Los cristianos son muy diferentes de su Cristo».

En aquel entonces no me interesaba pretender que tenía una relación con Dios cuando no era así. Y volviendo a la respuesta que le di a Salvador, el cuñado de Caleb, cuando me preguntó si quería recibir a Cristo en mi corazón, en esa ocasión le contesté que no. Le estaba diciendo que no a él y también a Dios.

---

[5] Puedes encontrar la plática completa en inglés en http://www.catalystspace.com/content/read/everyone_belongs/.

capítulo 3

Y Dios habló

El verano previo a entrar a la universidad fue muy intenso. Présenté el examen de admisión para ingresar a la carrera de ingeniería industrial mecánica. La evaluación tenía lugar dentro de las mismas instalaciones de la escuela. Todos los salones estaban llenos de chicos que se examinaban. No era un examen sencillo. Recuerdo que nos llevó cerca de cuatro horas, eso durante dos días. A pesar de que mis amigos y yo habíamos estudiado con todas las guías de estudio para exámenes de admisión que encontramos, no hubo nada de lo que incluían esas guías en el verdadero examen. Sentí una vez más que una publicación impresa me había robado. Algo parecido a lo que experimenté con los cursos de *Guitarra Fácil* que anteriormente había comprado. Pero, ¿qué podía hacer?, ya estaba ahí y tenía que contestar las preguntas.

Las respuestas eran de opción múltiple, o sea, del tipo de exámenes que dan cuatro posibles resultados y uno debe marcar el correcto. Contesté las que sabía y con respecto a las que no, oré: «Ave María, dame puntería», y marqué cualquier opción, esperando que estuviera bien. Al terminar el examen sentía una incertidumbre muy grande, ¿cuántas preguntas habría contestado bien? Nunca lo iba a saber. El resultado final solo diría: aceptado o rechazado. Esperaba por lo menos haber contestado correctamente el mínimo como para pasar. Las listas serían publicadas unas semanas después. Solo quedaba esperar los resultados. Si no pasaba el examen, tendría que enfrentarme a mis papás. Más me valía haber contestado bien la mayoría de las preguntas. Confiaba en que el «Ave María» no me fallara.

Sinceramente, no estaba en mi corazón estudiar ingeniería mecánica, pero no veía otras opciones. Tampoco tenía otros modelos a seguir más que el de don Raúl, mi papá. Estudiar música no era una opción en mi casa. Ahora, después de mucho tiempo, me doy cuenta de que mi papá y yo somos muy diferentes. A él siempre le ha gustado trabajar con las manos llenas de aceite y grasa mecánica, por eso creo que fue muy feliz con su taller. A mí, sin embargo, siempre me ha atraído aquello que tiene que ver con el arte y lo creativo.

Habíamos escuchado acerca de un congreso cristiano de jóvenes en Ciudad Juárez, Chihuahua, al norte de México. Tendría lugar precisamente entre los días del examen de admisión y la fecha en la que nos darían los resultados. Como mi amigo Caleb tenía familia en El Paso, Texas, la frontera entre Estados Unidos y México, en Ciudad Juárez, pensamos que sería bueno asistir al congreso y de ahí cruzarnos a Estados Unidos para pasar unos días antes de regresar y tener que enfrentarme con la realidad del resultado del examen. Así que, un par de días después, tomamos el autobús en un viaje de catorce horas a Ciudad Juárez.

Llegamos al lugar del congreso. Era una bodega grandísima, muy bien acondicionada para albergar a una congregación. Aire acondicionado, sillas plegables y alfombra. Había miles de jóvenes haciendo fila para la inscripción y el hospedaje. El congreso se llamaba Visión Juvenil. Y hasta el día de hoy existe.

Me gustó el ambiente desde que llegué. El estilo era mucho más casual de lo que yo había visto antes. Había un buen ánimo allí. Las reuniones eran muy diferentes a lo que conocía. Para empezar, tenían una banda tocando. Nosotros crecimos en la iglesia cantando canciones de un libro llamado *Himnos de gloria y triunfo*. Esos cancioneros estaban distribuidos por todo el templo. Todos tenían uno. Los himnos habían sido numerados. Para cantar, el que dirigía mencionaba el número del himno: «El himno 23», por ejemplo, y todos buscábamos en el himnario para seguir la letra. En cierta manera, el que todos tuvieran un libro en la mano era más extravagante que leer desde el *power point*, como se hace ahora. En aquel entonces, la iglesia en general no usaba instrumentos. Si acaso, la guitarra o el piano. Incluir batería y bajo dentro de un templo cristiano resultaba muy raro. No era la costumbre. En cierta manera muchos lo consideraban algo sacrílego y hereje. En mi ignorancia, yo no sabía que dentro de las cúpulas de las diferentes organizaciones cristianas y denominaciones había una lucha por determinar si era de Dios o no tener batería y bajo. ¡Ni hablar ya de una guitarra eléctrica! Eso era dejar entrar al «mundo y la carne» a la iglesia según la opinión de muchos. A la generación que creció escuchando a Hillsong le resultará muy difícil imaginar que eso haya ocurrido hace relativamente poco tiempo.

En el congreso no conocía a ninguno de los conferencistas. Para ser franco, debo decir que no me acuerdo de qué predicaron. Solo recuerdo a Victor Richards, que habló sobre sexo. No sé si fue porque estaba viviendo una explosión adolescente de hormonas en ese momento de mi vida y me interesaba el tema, o porque después en varias otras ocasiones lo volví a escuchar predicar sobre lo mismo.

En las noches de los primeros días, Caleb y yo nos desvelábamos platicando sobre las conferencias y nuestras apreciaciones acerca de lo que había sido el día. Comenzaba temprano y queríamos aprovechar el evento, así que llegamos lo más temprano posible al día siguiente.

El calor en Ciudad Juárez es impresionante en verano. Asfixiante, por decirlo de alguna manera. A pesar de que el edificio tenía aire acondicionado, el sol que pegaba en la lámina del techo, más el calor humano de los cerca de cinco mil chicos en el lugar, hacían que pareciera una olla a presión.

Llegamos a la última conferencia del tercer día, antes de la comida. La verdad es que no puse atención, porque estaba luchando contra el sueño. Las desveladas sumadas al calor me hacían cabecear como un boxeador que trata de esquivar los golpes de su oponente. Creo que el orador hacía su mejor esfuerzo, ya que yo no era el único en esa condición. De repente, el conferencista pidió que un voluntario de entre el público lo ayudara. Solicitó que el chico más alto del auditorio pasara al frente. Yo no hice ni siquiera el esfuerzo de levantar la mano, ya que sé que soy de tamaño pequeño. Pasó un muchacho altísimo. Quizás no era tan grandulón, pero viéndolo desde la perspectiva de mi horizonte, para mí era muy alto.

El chico tenía un brazo vendado desde el hombro, estaba como inmovilizado. El conferencista le preguntó qué le había pasado. Él explicó que el día anterior había estado jugando basket en las canchas de afuera y accidentalmente se había caído con todo el peso de su cuerpo sobre el brazo, dislocándose el hombro. El predicador le hizo una pregunta: «¿Crees lo que dice la Biblia?», a lo que el chico contestó: «Sí». De nuevo le volvió a preguntar: «¿Crees que Jesús te puede sanar?». «Sí», contestó nuevamente el chico. «Vamos a orar entonces», agregó el predicador. Para ese momento ya me había despertado.

Para mí no era extraño ver que oraran por los enfermos. Era una práctica a la que estaba acostumbrado desde niño. Había leído muchas veces en la Biblia las historias de cómo Jesús y sus discípulos sanaban a los enfermos. Me gustaban los relatos que describían el poder de Dios, como el de Moisés cuando abrió el mar en dos, o como el de Elías y Eliseo, a los que les pasaban cosas sobrenaturales. Pero las consideraba solo bonitas historias hasta ese momento.

El predicador dijo: «Acompáñenme a orar. Cierren sus ojos allí donde están sentados». *¿Cómo que allí donde estábamos sentados? ¿No deberíamos mostrarle reverencia a Dios poniéndonos de pie o arrodillándonos? ¡Qué falta de respeto!*, pensé desde el largo recorrido religioso de mi vida de diecisiete años. Sin embargo, al igual que todos, permanecí cómodamente sentado en la silla. Ahora sé que Dios no mira la posición en la que uno ora. Puedes hacerlo sentado, acostado o corriendo. Lo que Dios ve es el corazón.

Mientras el predicador oraba por la sanidad del chico diciendo: «Jesús, tú nos prometiste que por tus llagas seríamos sanados», yo oraba por el predicador: «Señor, no lo avergüences. ¡Pobrecito! Ya se metió en un lío». Yo oraba pensando que no iba a pasar nada. Muchas de las manifestaciones que había visto de niño eran más emocionales que espirituales. Mientras tanto, el predicador seguía orando con palabras muy sencillas. Sin aturdir a Dios. Sin querer lograr un milagro a gritos y sombrerazos. Las oraciones que había visto desde niño pidiendo sanidad eran largas y dolorosas. Era como si le rogaran a un Dios que no quisiera responder. La sensación que me daba era la de un niño caprichoso que quiere jugar contigo, pero que te dice todo lo contrario para que le supliques. Había que rogar y rogar hasta que algo sucediera. Si no ocurría nada, llegaba el momento en el que la persona que estaba orando oficiaba de árbitro entre Dios y el enfermo. En ese caso el enfermo perdía, declarándose que le faltaba fe y que por eso Dios no respondía. Pero en esta ocasión fue diferente.

Mientras todos estábamos sentados con los ojos cerrados algo empezó a suceder en el ambiente. Aun el día de hoy no lo puedo explicar. Dejé de interceder por el pobre predicador y abrí mis ojos. El ambiente se iba poniendo cada vez más denso. Pensé que quizás fuese por una falla del aire acondicionado, pero al darme vuelta vi que estaba funcionando. Definitivamente no era el aire acondicionado. ¿Qué sucedía entonces? La densidad del aire casi se podía cortar con un cuchillo. El chico con el brazo vendado comenzó a llorar. No era un simple llanto, sino más bien un sollozo. Como si alguien le hubiera dado una cachetada. El predicador seguía orando y todos en el auditorio con él. Pasaron quizás uno o dos minutos, pero era como si el tiempo se hubiese detenido. En un momento determinado, mientras el chico seguía llorando, comenzó a levantar el brazo vendado. ¿Qué significaba eso? ¡Era una señal de que Dios lo había sanado! Todo el mundo se puso de pie al verlo y comenzó a aplaudir. Fue una ovación larga y conmovedora entre gritos de aleluya y gloria a Dios. Yo, como mero observador, comencé también a aplaudir. Imagínate el ruido de cinco mil chicos aplaudiendo y gritando al mismo tiempo. Recuerdo que quise comentarle algo a Caleb, que estaba a mi lado, y no me pudo escuchar. No se trataba solo de lo que estaba pasando con el chico en el frente, algo se sentía denso en el ambiente. Después de unos largos minutos, Chris Richards, organizador del evento, tomó el micrófono y nos dijo que la presencia de Dios estaba ahí y que quería sanar a los que estuvieran enfermos.

Él pidió que aquellos que estaban enfermos se fijaran si no habían sido sanados por Dios. Todo el mundo se movió. Como las sillas eran plegadizas, se escuchaba el sonido de miles de sillas corriéndose. Todos trataban de verificar si Dios lo había sanado o no. Yo observaba. Después de unos minutos, nuevamente Chris tomó el micrófono y pidió que levantaran la mano aquellos que habían sentido que Dios los había sanado de algo. Más de la mitad alzó su mano. Una imagen increíble. Como ya era la hora de comer, él pidió que los que quisieran dar testimonio hicieran una fila del lado derecho de la plataforma, y que los que tuvieran hambre, sintieran libertad de irse a comer. Yo tenía hambre, pero aun así me quedé a escuchar y a observar.

La fila se hizo muy larga y los testimonios fueron muchos. Les preguntaban qué síntomas de la enfermedad tenían antes.

Recuerdo que un chico pasó con los lentes en la mano y dijo que antes no podía ver de lejos y que después de la oración empezó a ver bien. Hicieron una prueba. Pidieron que alguien levantara algo y el muchacho dio testimonio de poder leer sin los lentes. Creo que los dejó en la plataforma. Otro llegó con un bastón que también abandonó en el frente. Uno más subió y dijo que había llegado enfermo de SIDA y que sintió que Dios lo tocaba y creía estar sano. Obviamente en el momento no había manera de verificarlo, pero inmediatamente se fue a hacer unos exámenes. El último día del congreso regresó con los resultados, que habían dado negativos. Dios lo había sanado.

Después de permanecer observando por un rato, el hambre me ganó. Nos fuimos a buscar algo de comer cuando la fila de los que daban testimonio iba por la mitad.

Fuera del auditorio, yo no sabía qué pensar. Mi mente giraba como una licuadora, llena de preguntas. Por un lado me parecía que los chicos eran demasiados como para que se tratara de algo montado. Aquello había sido tan espontáneo que era difícil pensar que se tratara de una manipulación. Nadie había hablado de milagros ni los había prometido antes de que sucedieran. Nadie los estaba esperando. Por otro lado, nadie forzó a que Dios se manifestara. Esto ni siquiera se había mencionado antes o durante el congreso. Tampoco se trataba de un congreso de sanidad o de una campaña de milagros. Se había hablado de asuntos del interés de los jóvenes, nada más. Por otro lado, yo había estado allí. Nadie me lo había contado. Había sido testigo de lo acontecido. Lo había vivido.

Empecé a pensar que este era el Dios que hacía milagros del que yo había leído en la Biblia. Un Dios que no se mostraba ajeno a su gente. Un Dios al que no le importaba interrumpirnos y sorprendernos con cosas que no fueran cotidianas, sino extraordinarias. ¿Qué diferencia había entre el relato bíblico en el que Jesús sanaba a todos los enfermos y lo que había ocurrido ese día? Ninguna. Lo único era que había sucedido cerca de dos mil años después; pero Jesús seguía siendo el mismo. Era el mismo Dios que había abierto el mar en dos ante Moisés y que había hecho milagros con Elías y Eliseo. La Biblia, que desde niño me habían leído y que había aprendido desde temprana edad, cobró vida en ese momento. No solo se trataba de historias bien contadas. Era verdad. No sé cuantas personas han tenido la oportunidad de ver a Dios moverse de esa manera, pero es tan real como la luz del sol o como el aire que respiro.

La presencia de Dios había sido tan fuerte y tan vívida que en ese momento surgieron muchas preguntas en mi mente. ¿Por qué no había visto a Dios antes? ¿Por qué Dios no se manifestaba igual aquí que en la pequeña iglesita en la que habíamos crecido? ¿Acaso Dios mostraba favoritismos? ¿Qué se había hecho bien aquí que no se hacía bien allá? Preguntas y más preguntas. Ninguna tenía respuesta.

Para ser sincero, como desde niño había sido expuesto a las cuestiones de la iglesia, vi muchas cosas a una temprana edad. Me tocó vivir el movimiento neo-pentecostal o carismático cuando era niño. Durante los últimos años de la década del 60 y en la del 70 hubo un movimiento con manifestación de dones del Espíritu. Era algo que se dio de una manera natural y al mismo tiempo en casi todo el mundo. A finales de los años 70 y a través de los 80 se expandió por América Latina, que fue cuando a mí me tocó vivirlo. Escuchábamos muchos reportes sobre sanidades, gente que hablaba en otras lenguas y milagros. En los círculos en los que crecí, el énfasis se había puesto en el hablar en lenguas. Muchas congregaciones, la mayoría independientes, se levantaron durante este movimiento neo-pentecostal. Fue un *boom*. Muchas de ellas han llegado a tener miles de personas hasta el día de hoy.

Pienso que toda la confusión y todas esas preguntas que surgieron en mi mente se debieron a las múltiples campañas de sanidad a las que me habían llevado desde niño. Mi mamá se apuntaba en todas y por ende íbamos con ella. Un invitado especial, por lo general norteamericano, venía a la ciudad. A veces algún hispano también, pero eran los menos. Se publicitaba como una «Campaña de sanidad y milagros» con el predicador «Fulanito». En los pósters aparecía la foto del predicador, muy bien peinado, con traje planchado y corbata. «Venga y será sano», era la promesa del eslogan. La propaganda se pegaba en cada poste de luz de la ciudad. La mayoría de las iglesias participaban. En el evento había un grupo tocando música que preparaba a la gente. El evento podía durar unas cinco o seis horas. Por lo general se llevaba a cabo en un terreno polvoriento o en cualquier lugar en el que cupiera la gente. En algunas ocasiones había personas (especialmente mujeres) que eran

inconforme

tomadas por el espíritu y comenzaban a temblar o a bailar sin control. Muchos de los que pasaban a dar testimonio después que oraban por ellos solo expresaban que habían sentido algo, un toque o un fuego que recorría su cuerpo. Sentían que Dios los sanaba, sentían liberación. Sentían...

Había muchas cosas que yo no comprendía en ese entonces, pero las aceptaba. ¿Cómo no hacerlo? Era lo único que conocía. Una cosa que sí recuerdo es que le pedía a Dios que no me avergonzara haciéndome caer y revolcar por el piso. Mi mente de niño trataba de negociar con Dios. Y no porque no quisiera un toque del Señor. ¿Quién no lo quiere? Pero si era posible el toque sin la revolcada, eso resultaría excelente, pensaba. Sin embargo, en mi mente de niño sospechaba que muchas veces no era Dios el que hacía que algunos se revolcaran o temblaran. A muchos de aquellos que daban testimonio yo los conocía. Y con frecuencia se percibía una desconexión entre el testimonio que daban acerca de su experiencia con Dios y el carácter de Cristo en su vida personal.

Si bien creo que Dios se manifiesta de manera sobrenatural y tiene el poder de hacer lo que sea, he llegado a pensar que resulta muy irresponsable creer que absolutamente todas las manifestaciones que tienen lugar dentro de nuestras reuniones cristianas provienen de Dios. Recuerdo aquella historia de cuando Pablo se encontró con una chica endemoniada que tenía espíritu de adivinación. La muchacha no los maldecía, al contrario, hablaba bien de ellos, confirmando su mensaje. «Estos hombres son siervos del Dios Altísimo, y les anuncian a ustedes el camino de salvación», decía. Pablo terminó por expulsarle el demonio. Mi mente se dirige también al capítulo que habla acerca del amor, escrito por Pablo en 1 de Corintios 13. El amor «todo lo disculpa, todo lo cree, todo lo espera, todo lo soporta». Esos versículos aparecen en la mayoría de las tarjetas de invitación a las bodas. Lo que casi todos pasamos por alto es que en ese momento Pablo no estaba escribiendo un poema romántico, sino dándoles un regaño a los corintios. Según el escrito, Pablo les tenía que escribir por el caos que reinaba allí. Estaban haciendo a un lado el mensaje primordial y el carácter de Jesús, y justificando esa conducta con las manifestaciones del Espíritu.

Don Fermín García, que fue mi pastor por algunos años en Tijuana, me contó una historia que no es fácil de olvidar. Cuando él era joven lo habían mandado a Panamá a supervisar varias iglesias. Contó que en cierta ocasión, en una congregación, dos niños se pusieron de pie y comenzaron a profetizar. Tomaban turnos para hacerlo. Al principio decían: «Dios me muestra que el hermano Fulano está en adulterio». El hermano Fulano sabía que era cierto y al ser descubierto, pasaba al frente y se arrepentía. Todas las personas estaban asombradas. La cosa fue escalando y adquiriendo popularidad. Un día, uno de los niños dijo: «Dios me dice que el hermano Zutano abra su Biblia en tal y tal capítulo y que salga caminando hacia la calle. Cuando esté afuera, verá que del cielo caen tres gotas de sangre en forma de cruz». Así lo hizo el hermano Zutano. Abrió la Biblia ante la mirada expectante de todos. Caminó con mucha reverencia. Todos los ojos estaban sobre él. Al llegar afuera, efectivamente, ante la mirada atónita de todos, cayeron tres gotas de sangre del cielo dejando una forma de cruz. La gente irrumpió en gritos de alabanza. ¡Una manifestación de Dios! La gente aplaudía y vitoreaba. Se podía ver la cara de alegría de todos. Cuando la euforia bajó, el otro niño profeta habló: «Dios me dice que agarren al hijo del hermano Mengano y que lo sacrifiquen aquí en el altar». Ahí la cosa se dividió. La mitad de la congregación quería sacrificar al niño y la otra mitad lo protegía. Ese fue el momento en el que llamaron a Fermín para que fuera a arreglar la situación y a poner orden. Le pregunté: «¿Y que pasó con los niños profetas?». «Estaban endemoniados», fue su respuesta. «Oré por ellos y fueron liberados». Como les digo, una historia difícil de olvidar.

Por otro lado, cuando estaba en la escuela bíblica, me tocó ver un vídeo que me dejó helado. Era sobre una conferencia en Tulsa, Oklahoma. En el vídeo aparecía una mujer orando en una reunión. Les pedía a todos que cerraran sus ojos mientras otra mujer tocaba el piano. Ella les decía: «Solo cierren sus ojos y adoren». Ella también oraba. Tenía un micrófono inalámbrico y caminaba de un lado al otro del estrado mientras lo hacía. En el vídeo se veía cómo caminaba y mientras todos tenían los ojos cerrados ella se daba vuelta y decía en tono de sorpresa: «¡Hay plumas por todos lados! ¡Oh Dios mío! ¡Oh Dios mío!». Recuerdo que en el vídeo se veía a una señora entrada en edad lanzarse sobre una de las plumas como cuando las amigas de la novia se lanzan por el ramo en las bodas. La señora tomó la pluma y comenzó a hablar en otras lenguas. Entonces la mujer que estaba orando dijo: «Quizás alguien diga: "No lo entiendo" o "No lo creo". La mente a veces no puede recibir las cosas del Espíritu. ¡La paloma del Espíritu Santo está volando por todo este lugar!». El vídeo que estábamos viendo había sido grabado por un ministerio independiente que había registrado ese momento. Se escuchaban unas voces que comentaban lo que sucedía. Después, cuando ellos lo pasaron en cámara lenta, se vio claramente que cuando la mujer les pedía a todos que cerraran sus ojos, hacía un movimiento de manos, como de mago, y sacaba las plumas de debajo de la palma de la mano con la que sostenía el micrófono inalámbrico. Mientras caminaba y seguía pidiendo que todos cerraran sus ojos iba tirando discretamente una a una las plumas. ¡Era todo un escándalo! Una persona había tomado un par y las había mandado a analizar. El resultado: plumas de ganso de las que se encuentran en cualquier almohada. Mientras escribía esto, busqué el episodio en Internet para hallar referencias y refrescar la memoria. No encontré el vídeo, pero sí algunos escritos que registraban el asunto. La señora se llamaba Lucy Rael y el que había tomado las plumas para analizarlas era el Dr. Craig Rumedy. Esto sucedió en «The Church Reunion», en el edificio Mabee Center de Oral Roberts University en Tulsa, el Día de Acción de Gracias de 1988. Yo vi el vídeo casi una década después.

Después de mucho tiempo aprendí que si veo algo similar el día de hoy, no me puedo dejar llevar. Sé que solo pueden ser tres cosas: Puede ser Dios, puede ser el hombre o puede ser el diablo. Aquel día en el congreso no me quedaba duda de que había sido Dios.

Por la noche, al finalizar el encuentro, nos fuimos a nuestro hospedaje. Estando allí, Caleb y yo comenzamos a conversar. En medio de nuestra plática, le expresé mis preguntas. En realidad no esperaba que Caleb me contestara o que tuviera una respuesta. Se trataba más bien de mi lucha interna por entender qué había pasado. Después de conversar por un buen rato, nos dijimos el uno al otro: «Por qué no nos arrodillamos y oramos», y así lo hicimos.

Recuerdo ese momento. Comencé a orar como siempre lo había hecho. Creo que todos oramos de cierta manera, y por lo regular es del modo en el que nos enseñaron. Empezamos repitiendo siempre las mismas palabras. Así me pasó. Creo que esa noche comencé a repetir las mismas palabras que venía pronunciando desde que era niño. «Gracias Señor por este día...». Pero las preguntas no me dejaban. En medio de aquella oración reiterativa, le comencé a preguntar a Dios: «¿Por qué tú te manifiestas aquí en esta iglesia y no en la iglesia de dónde somos?». Entonces ocurrió lo inesperado. Escuché la voz de Dios que me decía: «No, en tu iglesia no». Por segunda vez lo cuestioné: «¿Por qué tú te manifiestas aquí en esta iglesia y no en la iglesia de donde somos?». La segunda vez me contestó lo mismo. «No, en tu iglesia no». Por tercera vez inquirí lo mismo. Su respuesta cambió. Solo me dijo: «¿Y tú?».

No hubo necesidad de que me dijera nada más, yo sabía a lo que se refería. Comencé a recordar las veces que me habían invitado a entregar mi vida a Cristo y yo lo había rechazado. Una a una, vinieron a mi mente. Era como si Dios me estuviera diciendo: «Puedo hacer cualquier milagro, puedo hacer cualquier cosa para mostrarme, pero lo que me interesa en realidad eres tú. Es tu corazón». Esa noche le entregué mi vida a Cristo, aunque eso significara andar de traje y corbata con una mega Biblia bajo el brazo. Gracias a Dios, no significó eso.

No puedo explicar muy claramente este asunto de la voz de Dios. Me ha pasado muchas veces después, pero no de la misma manera. En esta ocasión, casi podría decir que fue una voz audible, pero no tengo forma de probarlo. También cualquiera me podría sugerir que fue producto de mi imaginación, lo sé bien. Pero por otro lado, nadie es capaz de demostrarme que no fue cierto. La experiencia fue tan real que resultó transformadora y le dio dirección a mi vida.

Algo propio de cuando Dios habla es la transformación que sucede después de ello. Algo ocurre. El corazón se llena de esperanza, convicción y dirección. Cuando Dios habla, lo imposible se hace posible, porque Dios lo dice.

La manera primordial en la que Dios habla es a través de las historias y los principios de la Biblia. Sin embargo, Dios no dejó de hablar cuando se mandó a imprimir la primera de ellas. Al leer las Escrituras, uno se da cuenta de que Dios habla de muchas y diferentes maneras. En diferentes ocasiones, al considerar estas historias, se nos revela el corazón del personaje y cómo Dios trató con él. Nosotros mismos nos sentimos confrontados cuando las leemos. La mayoría de las veces Dios irrumpió sin que los personajes lo estuvieran buscando. A unos Dios les habló a través de la lectura de las Escrituras. A otros les habló a través de sueños. A otros más, a través de profecías. Incluso en una ocasión utilizó a una burra. No me cabe duda de que Dios sigue hablándole al hombre el día de hoy.

Es bastante común escuchar la frase: «Dios me habló». Mucha gente la usa. Un amigo me contó acerca de una señora de su congregación que cuando alguien está conversando con ella, de un momento a otro lo interrumpe y le dice: «A ver, permíteme un momento». En ese instante voltea a un lado, cierra los ojos y se pone a hablar sola, como si alguien la hubiera llamado a su celular. Según me cuenta, uno la puede escuchar decir: «Sí, Señor, sí, Señor. ¡Cómo no, Señor! Lo que tú digas, Señor. ¡Ay, Señor!, ¿cómo quieres que le diga eso?». Después de un rato, se da la vuelta y le dice: «Perdón, ¿qué me decías? Es que me estaba hablando el Señor». Por supuesto que yo me desternillé de risa cuando me lo contaron. Según me comenta mi amigo, lo hace constantemente. Como si tuviera una línea directa o un celular al que Dios la llamara.

Cualquiera puede decir que Dios le habló sin que sea verdad. Tampoco eso es nuevo. Incluso hay una advertencia de esto en la Biblia, en Deuteronomio 18.20:

> *Pero el profeta que se atreva a hablar en mi nombre y diga algo que yo no le haya mandado decir, morirá. La misma suerte correrá el profeta que hable en nombre de otros dioses.*

Es común el abuso de la frase «Dios me dijo que te dijera» para manipular a los demás. Es obvio que no queremos desobedecerlo y, en su deseo de ser fieles, algunos imponen su punto de vista sobre los demás como palabra de Dios. Hay muchos que han abusado de ello. Bien escribió Tony Campolo (en un libro que presté y no me regresaron nunca): «Hay una línea muy delgada entre "Los caminos de Dios son mis caminos" y "Mis caminos son los caminos de Dios". Y aun más delgada con "Mis caminos son Dios"». Esto, tristemente, lo he visto miles de veces.

No hay mejor referencia que la Biblia. Mientras nos mantengamos dentro de los márgenes que ella nos señala, no podremos equivocarnos. Los versículos que siguen en Deuteronomio 18 traen un poco más de luz y paz a este asunto:

Tal vez te preguntes: «¿Cómo podré reconocer un mensaje que no provenga del Señor?» Si lo que el profeta proclame en nombre del Señor no se cumple ni se realiza, será señal de que su mensaje no proviene del Señor. Ese profeta habrá hablado con presunción. No le temas.

Creo que esto resulta liberador: No le temas. ¡Vaya!

¿Qué podemos decir de todo eso? ¿Significa que Dios no se manifiesta o que no habla? ¡Claro que no! Dios sigue hablando y se sigue manifestando con milagros y prodigios. Lo único que cabe pensar es que hay que tener cuidado. El mejor punto de referencia posible es la Biblia. Cualquier cosa que se salga del contexto de la Biblia me sigue sonando sospechosa, quizás como cuando era niño.

Después de aquella noche y de esa experiencia sobrenatural con Dios, algo me pasó. La realidad de Dios se infiltró en mi vida totalmente. Quería que todos supieran que Dios es real. Que no se trataba de un Dios ajeno, o tan solo de una idea. Que existía y era real. Ese Jesús del que había leído desde niño ahora era el dueño de mi vida. Esa noche marcó el comienzo de mi caminar con Dios.

No creo que todos deban pasar por una experiencia similar para rendir su vida a Cristo. Considero que cada uno tiene que contar y escribir su propia historia personal con Dios. Así es como se comenzó a escribir la mía.

capítulo 4

Rebelde

«No te cases con él. Sentimos que no es la voluntad de Dios», le dijeron a la chica. La muchacha se puso muy mal al escuchar eso. Eran sus líderes y pastores que una y otra vez la llamaban y querían encontrarse con ella para convencerla y evitar la unión nupcial a solo un mes de que se realizara. «Pero, ¿cuál es el problema?», preguntaba ella. «Simplemente sentimos que no es de Dios», le contestaban sin darle más explicaciones. Con el correr de los días uno por uno se fueron acercando y expresándole su preocupación. Ninguno atinaba a decirle por qué. El problema era que ella había orado durante los dos últimos años y sentía que su novio era la persona que Dios había traído a su lado para cumplir con el propósito que tenía para ella. El joven galán participaba activamente en la iglesia y los dos habían soñado con servir a Dios juntos después de casados. En realidad, no había una explicación lógica de por qué no era el indicado, o por lo menos nadie se atrevía a dársela. Lo único que le repetían una y otra vez era: «Sentimos que no es de Dios que se casen». Que supieran, no andaba en pecado. No era un vago. No estaba metido en drogas o cuestiones adictivas. No había una razón, en realidad. Al contrario, había servido en la iglesia fielmente por varios años. Quizás era un poco más feo de lo que ella se merecía (¡como suele pasar!), pero aun así no había explicación suficiente.

Ella se encontraba en una encrucijada. Por un lado, él era lo que había orado, soñado y personalmente sentido como la voluntad de Dios para su vida. Por el otro, no quería ser tildada de desobediente y rebelde por sus pastores y líderes espirituales, en los que había depositado su confianza. A nadie le gusta ser catalogado así. Es como un estigma en los círculos cristianos. La palabra «rebelde» se relaciona con desobediencia, con Satanás, con el ir en contra de Dios. Y mucho menos alguien desea que lo etiqueten de este modo cuando la Biblia dice: «La rebeldía es tan grave como la adivinación, y la arrogancia, como el pecado de la idolatría» (1 Samuel 15.23).

Entonces, ¿podrían sus líderes estar equivocados? ¿Estaría ella en un error? ¿Era posible que no fuera Dios el que hablaba a través de ellos, sino simplemente su propia suspicacia? ¿Por qué le estaban marcando una dirección contraria a la que ella había sentido como la voluntad de Dios durante dos años? Y si se casaba sin hacerles caso, ¿en qué lugar la dejaría eso delante de Dios? ¿Qué consecuencias sufriría? ¡Que difícil decisión! (¡Uff! Sudé al escribir esta historia real).

Hace poco salió al aire una serie de televisión llamada *Breaking Amish*, con la que me enganché. Se trata de un *reality* sobre un grupo de chicos que salen de la comunidad Amish para tratar de encajar en Nueva York. Los Amish son un subgrupo cristiano ultra conservador derivado de los Menonitas, asentados principalmente en Estados Unidos y Canadá. Descienden de alemanes y son rubios, para que me entiendan. Ellos no se mezclan con nadie. Están en contra de la cultura y de la tecnología. Creen que eso es lo que la Biblia dice; al menos, eso les han enseñado. El uso de la electricidad y el teléfono son limitados. Se parecen mucho a las comunidades menonitas, si alguna vez has tenido la oportunidad de estar en una de ellas. En Durango, México, de donde soy, hay varias cerca, y de chico iba con mis papás a comprar quesos (eso sí, unos quesos increíbles). Cuando uno llega siente como si estuviera haciendo un viaje al pasado, al 1800. Tienen sus carrozas tiradas por caballos y comen lo que ellos mismos producen. Las mujeres solo usan un estilo de ropa aldeano que incluye vestido, delantal y un tocado que les cubre el cabello y la cabeza. Los hombres se visten todos igual: pantalón y camisa de vestir y tirantes. Se dejan crecer la barba como signo de madurez después de casados. Por su aspecto, parecería que Benjamin Franklin aún siguiera vivo entre ellos, o que fueran los dueños de la avena marca Quaker.

En *Breaking Amish*, los cinco chicos que salen de diferentes comunidades saben que su decisión de irse los pondrá en aprietos con sus familiares y con los amigos de su comunidad Amish. Serán rechazados o rotulados como «shunned», que es como ellos los llaman. Y si regresan, serán tratados como tales. Ser «shunned» tiene sus reglas. No pueden comer en la mesa de la casa. Deben ser ignorados y tratados en tercera persona. Pierden todos los privilegios. Es bastante feo el asunto.

Al principio, en los primeros episodios, esos chicos que salen por primera vez a la gran manzana van por las calles de Nueva York y todo les resulta novedoso. Incluso comprarse ropa constituye una aventura. Nunca han tenido otro estilo de ropa más que el de la comunidad Amish. Uno de ellos se prueba uno de esos jeans entallados y se siente raro. (Yo también me los he probado... ¡y sí se siente muy raro!). Pero en el capítulo cinco de la serie, tienen la oportunidad de regresar a casa después de varias semanas de haberse ido, ya con un estilo más «americanizado» de ropa. Cuando regresan, los pobres son tratados precisamente como leprosos. Nadie les quiere hablar. Nadie se les acerca. Todo el mundo los esquiva. Incluso sus propias familias. Al final de ese capítulo regresan a Nueva York con un dolor muy grande en su corazón, sabiendo que nunca más podrán regresar. Rechazados y aislados. Todos ellos «shunned».

Volviendo a la historia que estaba relatando, aquella chica sabía que le iba a pasar lo mismo si decidía casarse con aquel novio con el que estaba desde hacía dos años. El simple hecho de seguir lo que su corazón le dictaba que era la dirección de Dios, es decir, casarse con él, iba a hacer que su iglesia, amigos y pastores la convirtieran en «shunned», con diferentes reglas quizás, pero siguiendo el mismo estilo. Rechazo y aislamiento. ¿Qué hacer? ¡Qué difícil!

Yo mismo me he encontrado con situaciones igualmente difíciles, y no una vez, sino muchas. La primera fue memorable, por muchas razones.

Recién le había entregado mi vida a Jesús. Hacía unos meses que había tenido aquella epifanía que mencioné en el capítulo anterior en la que había escuchado la voz de Dios esa noche en Ciudad Juárez, luego del congreso de jóvenes. Regresé a Durango, a mi rutina normal, a la congregación a la que me habían llevado desde que tenía memoria. Una de las enseñanzas principales de esa congregación en particular era que uno debía permanecer en la iglesia en la que había conocido a Jesús o se había hecho cristiano. No había una segunda opción. Era lo que Dios decía en la Biblia, argumentaban. Ese era su lugar de pertenencia, ¡y punto! No se podía visitar otras iglesias sin pedir permiso.

Un domingo por la mañana yo estaba orando. Era muy temprano. En medio de mi búsqueda de Dios, escuché nuevamente esa voz, que me decía: «Vete a Bethel». Bethel era una congregación pequeñita, como de ciento cincuenta personas, fundada por unos misioneros. Yo nunca había asistido, pero en el Instituto Tecnológico de Durango, en mi primer semestre, había conocido a Sergio González, un amigo que iba a Bethel y me hablaba de ella. (Solo recuerdo que Dios me haya hablado de esta manera en dos ocasiones y esta era la segunda.) «¿Vete a Bethel?», me cuestioné a mí mismo. Iba en contra de lo que me habían enseñado. ¿Como podría yo ir a otra congregación sin permiso? Traté de ignorar la voz. Nuevamente me volvió a decir: «Vete a Bethel». Allí comenzó una lucha interna. Pensé primero que era mi propia mente y un deseo carnal que me estaba jugando una mala pasada. Empecé pidiéndole perdón a Dios porque iba en contra de lo que creía que era su voluntad, o por lo menos de lo que me habían enseñado. Otra vez me dijo: «Vete a Bethel». Ahora ya dudaba de que fuera mi mente, creía que era el mismísimo Lucifer, oliendo a azufre, el que me hablaba al oído. Lo reprendí repetidamente. Aun así volví a escuchar esa voz que me dijo: «Vete a Bethel». Yo era un cristiano reciente y estaba apenas comenzando a reconocer la voz de Dios. A pesar de que iba en contra de lo que me habían enseñado, y de que yo, sincera y honestamente, creía que eso era una verdad bíblica, comencé a orar: «Dios, si eres tú el que me está hablando, hazlo con toda claridad. ¡Qué sepa a ciencia cierta que se trata de ti!». En esos días había estado leyendo en la Biblia el libro de Jueces, y lo fui subrayando. Abrí mi Biblia y mi mirada se dirigió a algo que había señalado semanas antes: «Ve con esta tu fuerza [...] ¿No te envío yo?».[1] Me quedé pasmado por un rato. ¿Sería posible? ¿Dios me estaría dando una dirección específica para mi vida? Como nuevos cristianos, muchas veces hacemos cosas así y Dios contesta. Además, en la misma historia de Jueces, Dios se le había aparecido a un hombre llamado Gedeón. Los israelitas estaban pasando por un momento difícil, y Dios lo mandó en una misión suicida contra sus enemigos, con una estrategia, pero sin ejército ni armas. ¡Una locura! Gedeón quería estar seguro de

---

[1] Jueces 6.14 (RVR1960). Lo que escribo en este capítulo es lo que subrayé, no el versículo como tal.

que era Dios el que le hablaba. Le pidió al Señor que le confirmara y reconfirmara que las instrucciones provenían de él. Algo muy sabio de su parte. Creo que a causa de nuestra ignorancia de Dios y su Palabra, él confirma que está con nosotros de esa y de otras maneras similares. Incluso pienso que hasta se ríe de ello. Somos como niños que reciben un regalo inesperado y abren grandes los ojos por la sorpresa.

No me quedó duda alguna. Era Dios el que me hablaba. Ese domingo salí en busca de aquel lugar llamado Bethel. Fue el primer domingo que asistí.

Exactamente ese domingo no pasó nada. Vi a mi amigo Sergio y él me presentó a sus hermanos y a alguno que otro amigo. Al domingo siguiente volví. Pasaron así varias semanas. No abandoné la otra congregación. Al contrario, iba a una y a la otra. El «Vete a Bethel» no fue tan específico como para que interpretara «Vete a Bethel y olvídate de todo lo demás». Quería entender exactamente qué quería Dios de mí. Pensé que quizás era solo por un domingo. Luego llegó el momento en el que supe que en realidad Dios quería que me congregara con ese grupo de personas. Si Dios lo había dicho, no habría problema. Todos lo entenderían… por lo menos eso pensaba.

El siguiente paso era hablar con el pastor de la primera congregación y decirle que su «jefe» me había mandado a otra congregación. Seguro lo iba a entender. Con certeza Dios le habría hablado a él de la misma manera muchas veces. A final de cuentas, era pastor, tenía que escuchar la voz de Dios, pues en eso consistía su trabajo, ¿verdad?

Hice una cita con el pastor y me recibió. Le conté lo que había sucedido. Le relaté cómo cuando estaba orando, Dios me había hablado. Le platiqué acerca de la confirmación en el libro de Jueces. Yo estaba muy emocionado porque sabía que Dios estaba en el asunto. Cuando comencé a hablar, él tenía una cara normal. Hasta se veía contento. Después de diez minutos, ya no. Y para cuando terminé mi historia, su cara estaba seria y roja. Se veía molesto, enojado. «¡Dios no puede hablar así!», me dijo en tono demandante. «Usted es de esta congregación y aquí se tiene que quedar». Sus declaraciones me tomaron totalmente por sorpresa. «Si usted decide irse, entonces mandaré una carta a todas las iglesias de Durango diciendo que se va por rebelde y desobediente». Me quedé mudo, sin poder decir nada. No sabía que él podía hacer eso, o que los pastores lo hicieran. Cabe mencionar que tenía solo dieciocho años en aquel momento. Era un muchacho sin experiencia alguna. Aparte, no era rebelde. ¿O sí? Al menos, no quería serlo. La Biblia dice que nos sometamos a nuestras autoridades. Me sentí vulnerable. Él había sido nuestro pastor durante muchos años. Contaba con mi respeto y fidelidad debido a eso. ¿Qué hacer? No me quedó más remedio que asentir con la cabeza. «Está bien», dije con tristeza y pesar en mi corazón.

Al salir de su oficina, caminé hasta mi casa pensativo, confundido. Ya había oscurecido para entonces. Mi casa estaba a unos veinte minutos a pie. Comencé a pensar. Si no era Dios el que me había hablado, ¿quién o qué sería? «Dios no habla así», había dicho el pastor. Entonces, ¿cómo habla? Si no era Dios en esta ocasión, ¿tampoco habría sido él la vez anterior en la que había entregado mi vida a Cristo? Por otro lado, obviamente no quería tener colgado el cartel de rebelde ni de desobediente. Todo lo contrario. Lo único que quería era ser obediente. Recuerdo ese día lleno de confusión. Enfrente de mí tenía la decisión de obedecer lo que creía que era la voz de Dios, desobedeciendo al pastor, o quedarme donde estaba ignorando lo que creía que era la voz de Dios. ¿Qué hacer? ¿Qué hubieras hecho tú en mi lugar?

No soy el primero ni el único que se ha encontrado en esa situación. De hecho, creo que en nuestro caminar con Dios todos enfrentamos este tipo de encrucijadas. «¿Qué hago?», nos preguntamos. «Todo el mundo está en mi contra. Nadie me cree. ¿Hago lo que pienso que Dios me está diciendo o lo que todo el mundo dice que debo hacer?». Le pasó a Noé cuando construyó el arca. «¡Seguro que va a llover! Ja, ja, ja...¡es ridículo! ¿Un diluvio? ¿De dónde lo sacaste? Eso nunca ha existido ni existirá». Casi puedo oír las palabras. Todo mundo lo tomó por un loco.

En algún punto de tu caminar tienes que arriesgar el pellejo por Dios. Pararte firme. Eso define quién eres, o si eres o no eres. No solo tienes que estar firme en contra del pecado o ante la oposición natural que encontrarás en el mundo, sino ante aquellos que se dicen cristianos. La historia lo demuestra una y otra vez.

Martin Lutero, un sacerdote católico, comenzó a estudiar la Biblia. En sus estudios encontró algunas discrepancias entre lo que las Sagradas Escrituras decían y las prácticas de su organización. Según la historia, la iglesia católica necesitaba fondos para construir la Capilla Sixtina, ese hermoso edificio decorado por el talentosísimo Miguel Ángel. Para ello se comenzó a promover aun más la venta de indulgencias, como forma de financiamiento. Las indulgencias tenían que ver con pagar cierto dinero para ser perdonado de tus pecados. Se podía pagar por el perdón de los propios pecados o por los pecados de algún familiar muerto. Hay registros de que entre 1516 y 1517, Lutero, siendo sacerdote católico, predicó varias veces en contra de lo que él consideraba un abuso de poder. Eso le trajo problemas con su organización. El 31 de octubre de 1517, Lutero clavó en las puertas de la Iglesia Palacio de Wittenber su documento, conocido como Las Noventa y Cinco Tesis. Las tesis condenaban la avaricia y el paganismo en la iglesia e invitaban a un debate teológico sobre sus prácticas. Ese documento fue rápidamente traducido y distribuido por toda Europa gracias a la recién inventada imprenta.

«Lutero es un borracho alemán que cuando esté sobrio cambiará de parecer», fue la respuesta del Papa León X ante esos escritos.

Lutero siguió escribiendo y enseñando. Un día lo llamaron a Worms, Alemania. Pusieron todos sus libros sobre la mesa y un representante del Papa le preguntó: «¿Son todos estos tus escritos? ¿Te retractas de ellos?». Lutero sabía que al no hacerlo sería considerado un hereje y una persona contraria a la iglesia. Pidió un tiempo para orar. Luego contestó: «Por los textos de las Sagradas Escrituras que he citado, estoy sometido a mi conciencia y ligado a la Palabra de Dios. Por eso no puedo ni quiero retractarme de nada, porque hacer algo en contra de la conciencia no es seguro ni saludable». A Lutero entonces se le atribuyen estas palabras: «¡No puedo hacer otra cosa; esta es mi postura! ¡Qué Dios me ayude». Después de eso se le consideró un hereje y un fugitivo de la iglesia cristiana conocida en su momento, la iglesia católica.

Todas las iglesias y organizaciones cristianas (no católicas) que conozco han surgido como resultado de la decisión que tomó este hombre de no traicionar su conciencia. De pararse firme a pesar de las consecuencias. De arriesgarse a ser llamado hereje, rebelde y desobediente. ¿Te imaginas a cuánta gente afectó indirectamente su decisión? Y seguirá afectando. Él quizás nunca imaginó lo que Dios iba a hacer con él, pero en el día de hoy es una realidad palpable.

La Biblia esta plagada de historias como esa. Tenemos a un Daniel al que varias veces le tocó desobedecer las órdenes de Nabucodonosor por no contradecir su conciencia y su adoración a Dios. Eso aparece en el libro de Daniel, en la Biblia. Encontramos a una Ester que se arriesgó a ser ejecutada por presentarse ante el rey sin ser requerida (estaba contemplada la pena de muerte por ello) para pedir por la salvación de su pueblo. Hay un David que con su banda de forajidos huía de Saúl, el rey que lo quería matar.

Al mismo Jesús lo llamaron hereje por decir de sí mismo que era el Hijo de Dios. Esa fue una de las razones que lo condujeron a la cruz. Pilato le preguntó: «¿Eres tú el rey de los judíos?». «Tú lo dices», contestó Jesús. Era de eso que se lo acusaba.

Todas esas pequeñas decisiones de exponerse a ser ridiculizado, a ser llamado hereje, rebelde o desobediente por hacer la voluntad de Dios tienen grandes consecuencias.

No quiero decir que no tengan un precio. Lo tienen, y muy alto. Muchos, casi todos los conocidos como mártires, han pagado con su vida por ello. Un costo que muy pocos hoy están dispuestos a pagar.

¿Cuántas veces has estado en ese lugar? ¿Cuántas veces has decidido obedecer a Dios arriesgándote a ser juzgado, criticado e incomprendido? Si no lo has hecho y Dios te ha estado hablando, es momento de actuar. Puedes perderte el propósito de Dios para tu vida si no lo haces. De hecho, si quieres cumplir con el llamado de Dios para tu vida, tienes que ser rebelde, siempre y cuando seas rebelde a las cosas correctas.

Una palabra de precaución en este punto: Debes asegurarte de que es Dios el que te está hablando. Pide confirmación una y otra vez. Dios no tiene problema en contestar y confirmar. Gedeón lo hizo y Dios le respondió, confirmando su palabra. No tiene nada de malo pedir confirmación. No se trata de una cuestión de falta de fe. Es una cuestión de sabiduría. Al pedir una señal estás demostrando que tienes fe en Dios y que quieres hacer su voluntad sin equivocarte. Es todo.

También ten cuidado de no engañarte a ti mismo. El corazón es engañoso y podemos llegar a creer que Dios nos está dirigiendo a algo, cuando en realidad es nuestro propio deseo carnal y una motivación errónea lo que nos impulsa. Asegúrate de tener una limpia motivación y un corazón puro.

Ahora que soy pastor, trato de tener mucho cuidado en mi manera de liderar a las personas. Espero y deseo que Dios trate de una manera personal con cada uno de los que asisten a mi congregación. Todos ellos tienen acceso a la Biblia y a Dios al igual que yo. Cada uno me escucha exponer principios bíblicos que los ayudarán a salir adelante en sus vidas si los aplican. No puedo obligarlos a amar a Dios. Es una invitación que él mismo hace. Esa invitación también me incluye a mí. Cada uno decide. Tengo que recordar que no soy dueño de sus vidas.

Muchas veces es más fácil dejarse llevar y ser víctima, que asumir la responsabilidad y enfrentar el resultado. Al final del día, tú eres responsable delante de Dios por tu propia vida. ¿Quién es responsable de los resultados de tu vida? Solamente tú y las decisiones que tomaste. No puedes culpar al pastor. No puedes culpar al líder. Eres tú el que tiene que hacerse cargo.

Veo muy a menudo que se produce una dependencia del pastor o del líder y no de Dios. Conocemos lo que el pastor o líder quieren, pero no lo que Dios quiere. Si bien Dios usa a los líderes para darnos dirección muchas veces, es a Dios al que tendremos que rendir cuentas al final de nuestros días, tal como tendrán que hacerlo el líder y el pastor.

Sé que como líder o pastor uno se siente tentado a decir: «Esto es verdad, pero no se lo puedo enseñar a la gente». Lo sé porque lo leo en los comentarios que muchos líderes hacen cada vez que publico algo al respecto en las redes sociales. Como líder, quizás lo más conveniente es que todo el mundo haga lo que uno pide. Es un sueño, una utopía. Pero hay una línea que no debemos cruzar. Existe una diferencia entre influir sobre las personas para que amen a Dios y obedezcan las Escrituras, y ser el dueño y responsable de sus vidas y de las decisiones que tomen. Cada persona debe asumir la responsabilidad de su propia vida y de su relación con Dios.

No tratemos de complacer a todos. No es posible. En algún punto de nuestro caminar con Dios confundirán nuestra obediencia a él con rebeldía. Recuerdo que cuando saqué el primer disco, mis amigos me cayeron a palos. «¿Cómo se te ocurre grabar algo que no sea alabanza y adoración?», «¿En qué estabas pensando?», «Eso nunca va a funcionar», me dijeron. Aprendí que si los amigos no creen en lo que hacemos, es muy fácil cambiar de amigos. Gracias a Dios no les hice caso.

Algo parecido me ocurrió cuando llegué a vivir a San Diego. Arribé a una congregación con un pastor que en ese momento se estaba tratando de dar a conocer. Yo recién había grabado mi primer disco. Mi esposa y yo habíamos decidido no participar activamente en el trabajo local de ninguna iglesia para dedicarnos, por un lado, al trabajo secular a fin de subsistir, y por el otro, durante nuestro tiempo libre, a la música, a salir y tocar donde se nos abrieran las puertas. En las primeras conversaciones con este pastor, él me comentó que necesitaba un pastor de jóvenes. Como yo recién había salido de la escuela bíblica, él consideraba que sería una gran bendición para su congregación que yo aceptara esa responsabilidad. Le respondí que mi intensión era solo congregarme y dedicarme a la música, y le entregué una copia de mi primera producción, recién terminada. Después de unos días regresó diciéndome que eso nunca iba a funcionar, que tomara el puesto de su iglesia. No acepté el puesto, seguí con la música.

Las semanas siguientes fueron una tortura china. Todos los domingos desde el púlpito tiraba indirectas: «Esos que andan grabando y que salen según dicen a ministrar con la música, usted nunca los verá aquí arriba. Nunca los verá en esta plataforma». En una congregación de menos de cien personas yo era el único que estaba haciendo eso. ¿Quién desea estar en una iglesia así? Solo estuve dos meses allí. Gracias a Dios que luego conocí a Don Fermín García, al que consideré mi pastor y mentor por muchos años.

Con Don Fermín García fue otra cosa. Había una diferencia de edad de casi cincuenta años. Él no estaba interesado en ese estilo de música ni mucho menos, pero cuando escuchó las letras me dijo: «Tú no necesitas carta de presentación. Dios te la ha dado». Viajé con él por casi dos años, acompañándolo a todos los lugares en los que lo invitaban a predicar. Es un hombre de Dios. Ha sido y es una inspiración para mi vida. Espero pastorear a otros como él me pastoreó a mí.

Algo que aprendí de primera mano de él fue a tener respeto cuando alguien usa la frase: «Dios me dijo...». Ese es el punto final de una conversación, aunque no estés de acuerdo. «¿Tú qué sabes si Dios le dijo o no? ¿Tú quién eres para interponerte entre él y Dios? Al final de cuentas, si no era Dios, él pagará las consecuencias de sus decisiones», me dijo un día. Muy sabias sus palabras.

En todo este tiempo mi esposa y yo nos hemos cambiado de ciudad varias veces. En años recientes estábamos viviendo en determinada ciudad y comenzamos a congregarnos. Teníamos la misma intención de solo reunirnos ahí, pero no participar activamente. Recuerdo que después de un tiempo el pastor me invitó a tomar un café. ¡No sabía lo que me esperaba! En medio de la charla me dijo que el orden bíblico era someterse a la autoridad de la iglesia. Me explicó que él estaba bajo un apóstol argentino que residía en España. Me aclaró que en mi caso, como me estaba congregando allí, él era la autoridad sobre mi vida y que tenía que someterme. Me pidió que le pasara mi agenda y que le pidiera permiso para salir cuando tuviera que hacerlo. Eso ocurrió cuando ya estábamos grabando el sexto disco. ¡Qué locura! ¡A esas alturas del partido! ¡No mijito! Después de esa situación, me mudé dos veces más de ciudad. El día de hoy, según me enteré, este pastor ha desconocido la autoridad de su apóstol de España y se ha lanzado de modo independiente. ¿Dónde quedó el orden bíblico que quiso aplicar conmigo? ¡Quién sabe!

Volviendo a aquel encuentro que tuve en mi adolescencia con mi pastor, cuando regresé a mi casa después de la reunión, luego de que me dijera que Dios no hablaba de esa manera, caí en una verdadera depresión. Me encerré en mi cuarto. Se produjo dentro de mí un choque emocional y espiritual. ¿Era Dios el que me dirigía? ¿Era Dios el que me hablaba? ¿Cómo era posible que Dios me estuviera diciendo algo contrario a lo que el pastor me decía? Lloré esa noche. No sabía qué hacer. No sabía a quién preguntarle. Lo único que me quedaba en ese momento era orar. «¿Dios, eres tú? ¿Cómo puedo estar seguro de que eres tú? Contéstame claramente». En realidad fue una oración de desesperación. Me quedé quieto unos momentos. Esta vez no escuché ninguna voz. Esperé. Tenía mi Biblia al lado. «Señor, háblame a través de un pasaje». Como dije, estaba desesperado.

Haciendo un paréntesis, no creo que Dios hable así cada vez que uno se lo pide. De hecho son pocas las veces que Dios ha obrado de esa manera conmigo. Creo que la Biblia es y contiene la Palabra de Dios. Mientras más la conozcas, menos tendrás que depender de oír su voz de un modo sobrenatural a la hora de tomar las decisiones diarias. Aun así creo que Dios puede hablar de muchas y diferentes maneras para proporcionarnos una dirección específica. Cierro el paréntesis.

Abrí la Biblia. Me encontré en el libro de Hechos. No había estado leyendo Hechos últimamente. El pasaje hablaba de aquella oportunidad en la que los líderes religiosos mandaron llamar a Pedro y los discípulos para intimidarlos. Jesús había sido crucificado recientemente. Pedro, junto con los demás discípulos y muchos otros, habían sido testigos de su resurrección. Hablar de Jesús iba en contra de los intereses personales de los religiosos judíos de ese entonces, aquellos que habían tramado su muerte. Una noche antes, los mismos religiosos los habían metido a la cárcel pública por hablar de Jesús. La Biblia relata que un ángel les había abierto la puerta para que salieran. Al otro día por la mañana, ya estaban en el templo enseñando lo mismo que les habían prohibido. Fueron por ellos una vez más y el sumo sacerdote, la máxima autoridad eclesiástica, la persona que debería estar más cerca de Dios, les dijo: «Terminantemente les hemos prohibido enseñar en ese nombre». A lo que Pedro y los discípulos contestaron algo que revolucionó mi manera de pensar: «¡Es necesario obedecer a Dios antes que a los hombres!».[2] Una vez más me quedé sorprendido. Lo leí y, ¡vaya!, fue liberador. Dios me estaba respondiendo. Dios me estaba diciendo: «Sí, fui yo el que te habló. Fui yo el que te he hablado. Ahora ve y haz lo que te mandé». La dirección resultó muy clara.

Me fui a Bethel aun a pesar de que iban a mandar cartas diciendo que era rebelde y desobediente. Estaba dispuesto a

---

[2] Hechos 5.29.

asumir las consecuencias. Que yo sepa, el pastor nunca mandó ninguna carta.

En Bethel estuve los cuatro años en que cursé mi carrera universitaria. Durante ese tiempo fui líder de jóvenes. Conocí muchos amigos. Ahí comencé a escribir canciones para los niños de la Escuela Dominical. Uno de los hijos de los misioneros fundadores de la congregación estaba grabando sus discos. Iba por el segundo o tercer disco y lo invitaban a cantar en iglesias y congresos. Su esposa oyó una canción que había escrito para los niños, le comentó a su esposo, y él me pidió que se la cantara. Iba a haber un campamento de jóvenes en el que él sería el encargado. Las personas que había invitado a cantar no llegaron, así que me preguntó si yo podía cantar la canción y él me haría coros desde un teclado. Así lo hicimos. ¡Fue todo un éxito en ese pequeño campamento en medio del polvorín! El que me hacía los coros ahora es más conocido como Marcos Witt. La congregación en la que fui líder de jóvenes la iniciaron sus papás, misioneros en Durango. No tengo fotos de cuando canté con Marcos Witt haciéndome los coros en el piano, pero qué gracioso sería tener una. El recuerdo está ahí presente. Lo pienso y me da risa.

Si no hubiera tomado la decisión de irme a Bethel, nunca habría escrito esa primera canción para aquellos niños. Nunca hubiera estado expuesto a la música ni mucho menos. Ni siquiera sabría que era capaz de componer canciones. Nadie me hubiera pedido que escribiera canciones para otros, como después sucedió. No hubiese tenido la increíble experiencia de ser líder y pastor de varios jóvenes que marcaron mi vida con sus historias. Quizás no hubiera grabado los discos que he grabado ni estaría hoy como pastor en donde estoy. Me hubiera perdido esta gran aventura con Dios.

Creo que esa pequeña decisión de irme a Bethel trazó un rumbo para lo que he hecho en mi vida, no solo por haber llegado a este lugar, sino porque conocí de primera mano lo cruel que puede ser el querer seguir y obedecer a Dios en medio de los deseos y ambiciones de los demás. Una lección invaluable.

Sin duda, Dios tiene un plan y un propósito para ti. Ese plan no es gratis. Tienes que pagar un precio para alcanzarlo. Vendrá lleno de contrariedades, de personas en tu contra y en desacuerdo contigo. Pero al final, valdrá la pena costearlo. De eso se trata esta aventura llamada vida. De eso se trata este caminar con Dios. Eso es vivir por fe.

Con respecto a la muchacha, el novio y la boda, al final ella tomó la decisión más complicada, siguiendo lo que sentía en su corazón que era la voluntad de Dios. No tenía opción: O se casaba con este chico o desobedecía a sus líderes y pastores. Al final se casó con el muchacho. Ella y su novio fueron «shunned» por esa decisión durante muchos años.

El día de hoy, mientras escribo esto, ya llevan diecinueve años de casados, tienen dos niñas y viven felizmente en la ciudad de Las Vegas, en la que su esposo pastorea una congregación en crecimiento.

¿Su nombre? Mardia, mi esposa.

capítulo 5

Ciudad Lypton

El lugar olía a alcohol. «¡Quince minutos para comenzar!», anunció nuestro representante. Él había hecho los arreglos para que estuviéramos en ese lugar. Era cerca de media noche y nos preparábamos para tocar nuestra lista de canciones. La música «ponchis-ponchis» que sonaba antes que nosotros no ayudaba a crear el ambiente para que interpretáramos los temas que por años habíamos tocado. La cadena de radio *40 Principales* era la organizadora del evento. Dos de mis canciones habían pegado en la radio en varias ciudades de México y esa era la razón por la que nos habían invitado a ese concierto. Aun así, sabíamos que nadie estaba esperando que tocáramos. Nadie. En realidad me sentía un poco raro, como pez fuera del agua.

No era la primera vez que íbamos a esa ciudad. De hecho, un año antes habíamos estado de visita en una de las congregaciones más grandes (si no la más grande) dando un concierto. Casi dos mil chicos cantaron nuestras canciones. Este día, un año después, en ese evento en el bar no había más de cien personas. La mayoría, alcoholizadas. La gente iba a escuchar a *Ciudad Lypton*, nombre que le habíamos puesto a nuestro grupo, aunque interpretábamos las mismas canciones que habíamos cantado siempre como *Edgar Lira*.

Sabía que estaba atentando contra una vaca sagrada de la iglesia cristiana al estar ahí, ejecutando mi música en un lugar como ese a medianoche. Un cristiano no debe tocar en lugares que no sean cristianos (mucho menos en un bar). No tiene que cantar canciones que no alaben a Dios, aunque sean cantadas por cristianos. Si un cristiano es músico, debe limitarse a tocar dentro de las cuatro paredes de la iglesia (lo que difiere de cualquier otra profesión: abogados, carpinteros, maestros). Eso era sacrilegio. Era traer el mundo a la iglesia. ¿Qué comunión tiene la luz con las tinieblas? ¿Verdad? Al menos eso entendíamos, o nos habían dicho.

inconforme

Aún recuerdo perfectamente que cuando recién le había entregado mi vida a Jesús, cierto día, uno de los más grandes líderes de alabanza tomó la palabra en un congreso con miles de jóvenes para hablar abiertamente en contra de la música secular. «Vamos a boicotear la música secular. ¡No hay que poner un pie en esos lugares!», predicaba a grito pelado en un tono de «esta es la voz y la voluntad de Dios». Todos nosotros, obedientemente, lo hicimos. Yo por lo menos lo hice durante muchos años.

Dejé de escuchar música secular. No volví a parar en ningún lugar de venta de discos no cristianos. Lo más *heavy* que escuchábamos era Petra y Stryper,[1] sin saber que esos dos pobres grupos, en su momento, fueron boicoteados por sus compañeros cristianos en Estados Unidos por el estilo de música que interpretaban. Ellos, junto con otros grupos, pusieron sobre la mesa el debate de si el rock era del diablo o no. Un vídeo que se hizo muy famoso a finales de los 80 y principios de los 90, que abordaba el tema, se titulaba *Campanas del infierno*.[2] Se trataba de un estudio de los ritmos africanos mezclados con la rebeldía de las guitarras eléctricas. Toda una cuestión sacada de la manga para justificar que el rock no era de Dios. ¡Si Hillsong hubiera existido en ese momento, habría sido un escándalo!

Por otro lado, nunca he visto un estudio similar acerca de ningún otro tipo de música. Por mencionar solo la cumbia, la salsa, el merengue, la bachata o la norteña. Estoy seguro de que si alguien aplicara los mismos criterios para juzgar este tipo de música, tal como se hizo con el rock en los 80, terminaríamos sin poder escuchar música alguna. Seríamos una iglesia muda, antimusical.

Algo que me resulta curioso hasta el día de hoy es que no recuerdo haber escuchado nunca un debate sobre la música hasta que me hice cristiano. Sí tengo presente el haber participado como oyente en varios debates sobre el tema después de mi conversión. Me acuerdo de uno en particular. Uno de los grupos sostenía que la música era espiritual y que no podíamos tocar música no cristiana porque no era de Dios, ya que iba a dañar nuestro espíritu. La contraparte le contestaba: «Respóndeme

---

[1] Petra y Styper fueron dos de los más famosos grupos de rock cristiano en los finales de los 80 y principios de los 90.

[2] *Hell's Bells: The Dangers of Rock 'N' Roll* [VHS] (1989), Eric Holmberg.

esta pregunta: ¿Existe un do cristiano y un do mundano? Que yo sepa, el mismo do es el que se toca en la iglesia y en la cantina. La misma secuencia de acordes se usa en las canciones de la iglesia y en los bares». Este razonamiento me hizo pensar. Es un debate que tiene cientos de años. Y mientras la iglesia sigue discutiendo qué es de Dios y qué no, el mundo saca el día de hoy otro *Gangnam Style* en Youtube que da vuelta al mundo. *¡Oppa Gangnam Style!*

Muchas veces me pregunto si no somos nosotros mismos los responsables de que Dios no se encuentre en el mundo. Parte de nuestro conflicto tiene que ver con la semántica y la interpretación que le damos a ciertas palabras que aparecen en la Biblia, especialmente a la palabra «mundo».

La palabra «mundo» en la Biblia tiene varias definiciones, dependiendo del contexto en el que se lea. El que se hace amigo del «mundo» se hace enemigo de Dios, por ejemplo. Lo podemos encontrar en Santiago 4.4. La gente interpreta esto como todo lo externo que no proviene de una fuente cristiana. Ya sea un libro, música, televisión o cualquier tipo de arte. Si el autor no se proclama abiertamente cristiano, y no solo eso, si no es ministro, entonces hay una ausencia de Dios ahí. Es la interpretación que hacen muchas personas, quizás la mayoría.

El «mundo» también se interpreta como todo lo que nos rodea. De nuevo, se refiere a lo externo. Esta interpretación da muy poco lugar para disfrutar de la vida, porque cualquier cosa buena o disfrutable causa sospecha y es ensombrecida bajo el rótulo: «es del mundo». Esta manera de entender el versículo condena a nuestro increíble y hermoso globo azul, lleno de agua, a convertirse en un lugar indeseable en el que vivir. Lo que dice Génesis acerca de que todo lo que Dios había creado era bueno, ha tomado otro sentido y ahora todo se considera malo. «Dios, ven a rescatarnos de este mundo de miseria», es la oración de muchos.

Pero, en realidad, Santiago está hablando de otra cosa. De hecho, el versículo primero lo dice:

¿De dónde surgen las guerras y los conflictos entre ustedes? ¿No es precisamente de las pasiones que luchan dentro de ustedes mismos? (Santiago 4.1).

inconforme

En la Biblia este párrafo aparece bajo el título de «La amistad con el mundo». Según este texto, el «mundo» no tiene que ver con las cosas externas, sino con las cosas internas, las cosas del corazón. Hace referencia a amarse más a uno mismo que a otros. Menciona el amar más los placeres y deseos insanos que a los demás. Este pasaje es un regaño al orgullo y la arrogancia que existe entre los hermanos. De hecho no tiene nada que ver con las cosas externas que nos rodean. Puedes leerlo para comprobar que no estoy mintiendo.

Creo que al final de cuentas es más fácil fingir piedad no mezclándose con las cosas externas o del «mundo», que no tener orgullo en el corazón, pues esa es una cuestión interna y no se ve.

Esta mala interpretación de la Palabra ha traído graves consecuencias. De hecho, da apoyo a las creencias de muchos grupos como los Amish o Menonitas ultraconservadores, que mencioné anteriormente. En América Latina la misma interpretación toma otra tonalidad.

Esta idea de dividir lo que es del «mundo» y lo que es de Dios, de hecho no es nueva. Tampoco comenzó con el cristianismo. No fue algo que enseñara Jesús ni sus discípulos. Tuvo origen con los griegos. Los griegos tenían una visión del mundo que lo dividía en dos: por un lado el mundo espiritual, considerado sagrado. Y por el otro, el campo físico, visto por ellos como profano. Esta idea se infiltró dentro de las filas cristianas en sus primeros doscientos años, determinando que la fe, la teología, la ética, las misiones, la vida devocional y la evangelización se consideraran de primera importancia, mientras que la ciencia, la razón, los negocios, la política, el arte, la música y la satisfacción de las necesidades físicas de las personas pasaran a un segundo plano. [3]

Lo curioso del asunto es que esta línea divisoria entre una y otra cosa no se encuentra en la Biblia. Hay una separación entre el pecado y lo que contamina al hombre. Hay una identificación muy clara de las actitudes y deseos insanos del corazón. Son cuestiones internas de uno mismo. Cuando comenzamos a leer

---

[3] Puedes leer sobre la dicotomía griega en el libro *Discipulando naciones* de Darrow Miller, Editorial JUCUM.

la Biblia, vemos que Dios usó a políticos y líderes como Moisés y José, músicos y soldados como David, chicas dignas de un certamen de belleza como Ester (por eso la escogió el rey), para salvar a su pueblo. La mayoría de las historias de la Biblia han sido protagonizadas por personas comunes y corrientes, con trabajos normales. Personas insertadas en la cultura. Gente con un corazón inclinado hacia Dios. Que entendían el lenguaje y la manera de pensar de sus contemporáneos. Esa gente es la que puede causar mayor impacto, incluso en el día de hoy.

Debido a este pensamiento hemos dejado a Dios fuera de la sociedad. Es muy difícil encontrar a un cristiano que se dedique a la política, o que sea periodista o artista. Es muy difícil hallar un músico o cantante que impacte a miles de personas con sus canciones cristianas (o no cristianas), que testifique con su vida que es posible vivir para Dios.

Aquellos que ya son políticos, músicos o personas de influencia no encuentran lugar en la iglesia. Cuando su necesidad de Dios los acerca a cualquier grupo cristiano, no transcurre mucho tiempo hasta que se les pide que abandonen todas esas actividades porque son del «mundo». Si acaso decidieran quedarse y dejarlo todo, perderían toda la influencia que podrían ejercer sobre la cultura. Es triste, pero cierto.

Creo que necesitamos más personas que sigan su llamado, cualquiera que este sea. Servir a Dios no se limita a ser pastor o director de alabanza. En realidad es posible servir a Dios en cualquier tipo de trabajo que sea honroso. Darrow Miller en su libro *Discipulando naciones* escribe:

El asunto no es lo sagrado versus lo secular; es lo consagrado versus lo no consagrado. Una persona, aun si es pastor o misionero, puede estar haciendo trabajo "espiritual" sin estar consagrado. Sin embargo, un ama de casa puede estar preparando los alimentos para la familia como un verdadero acto de devoción a Dios. En forma semejante, un granjero puede ordeñar las vacas como un acto de obediencia a Dios y para su gloria. [4]

Si queremos ver un cambio en nuestros países de habla

[4] *Discipulando naciones*, Darrow Miller, Editorial JUCUM.

hispana, necesitaremos más personas con una conciencia cristiana insertadas en la cultura y la sociedad.

El debate de la música es algo que no me interesa. No creo que en realidad se pueda llegar a un consenso al respecto. Solo produce más discusión. C. S. Lewis atinadamente escribe en el prólogo de su libro *Mero Cristianismo*:

> *Una de las cosas en que los cristianos están en desacuerdo es en la importancia de sus desacuerdos. Cuando dos cristianos de diferente denominación comienzan a discutir, en general no transcurre demasiado tiempo antes que uno pregunte si tal y tal punto «realmente importa», y que el otro responda: «¿Importar? Pero si es absolutamente esencial». Cuando aquella persona que no es creyente ve eso, termina por decidir no unirse a ningún grupo cristiano.*[5]

Me quedo con eso.

Como dijo Pablo, si comer carne provoca que alguien caiga, no lo hagas frente a esa persona. No porque esté mal, sino por su debilidad. Tan sencillo como eso.

«¡Diez minutos para comenzar!», volvió a decir nuestro representante. «Ya casi les toca. ¿Están listos?» ¿Qué estaba haciendo en ese pequeño y maloliente bar aquella noche? ¿Cómo había llegado ahí?

Estábamos por grabar el disco *Historia de una novia en espera*, cuando supe que Dios quería que saliéramos de los círculos cristianos y habláramos de Dios con aquellos que nunca habían oído de él y que quizás nunca pondrían un pie en una congregación cristiana.

Las razones por las que muchas personas que no conocen a Dios no pisarían una iglesia, son variadas. Algunas de ellas tienen que ver con las ideas negativas que se han forjado de nosotros, los cristianos. Algunas de ellas son fundadas, otras sin fundamento. Las que no tienen base no me molestan tanto como las otras.

---

[5] C. S. Lewis, *Mero Cristianismo*, 1952.

Si desde niño te han inculcado que solo el pisar un lugar que no pertenece a tu religión significa traicionar las tradiciones familiares, eso constituye una traba fuerte. Las tradiciones son muy poderosas en nuestra cultura. No se trata de Dios en este punto, tiene que ver con traicionar a la familia. Si nuestra única manera de hacer iglesia simplemente se limita a construir o rentar un lugar y esperar que la gente venga, va a ser muy difícil que eso suceda. De hecho, la instrucción de Jesús a sus primeros seguidores antes de partir fue: «Vayan y hagan discípulos». Dijo «vayan», no «esperen a que vengan».

El otro motivo por el que la gente no quiere ser cristiana es por la mala imagen pública que damos. Estamos tan orgullosos de nuestro cristianismo que no nos interesa lo que piensa el que no conoce a Dios. El orgullo es como el mal aliento, todos lo perciben menos el que lo trae. Al final de cuentas, el orgullo es pecado, aunque uno esté orgulloso de ser cristiano.

Recuerdo que cuando Dios me habló de salir de los círculos cristianos, me dio mucho miedo. Iba en contra de lo que me habían enseñado. No sabía a quién recurrir. No conocía a nadie que lo hubiera hecho o intentado como para preguntarle. No había un libro o un manual. Me sentí solo en mi travesía.

Una vez más, Dios me estaba dirigiendo en una dirección contraria a la que me habían enseñado. ¿Qué hacer? Para ese entonces tenía suficiente experiencia como para reconocer su voz. Lleva tiempo poder hacerlo.

Mucha gente cree que lo contrario de la fe es la duda, lo que a mi entender no es necesariamente cierto. La duda es parte del proceso de creer. Dudar es un proceso mental, un escalón más bajo que la fe. Es no estar seguro. Es no rendirse ante una idea. Es luchar con ella. Los más grandes pensadores del cristianismo comenzaron dudando de él. Si saltas de la duda a la fe en Dios y sus principios, de pronto te encontrarás del otro lado. Cuando Jesús invitaba a alguien a creer, lo estaba invitando a dar ese salto.

Por otro lado, he percibido que lo contrario a la fe es una «fe sinceramente equivocada». Es decir, creer en cosas que no son verdad. Ya sea un principio bíblico mal aplicado o una verdad a medias, respaldada con la Palabra de Dios. Cuando el hombre pone su fe en esos principios, limita a Dios y se limita a sí mismo. De hecho, termina estrellándose con la vida, y culpando a Dios por los resultados o simplemente aceptándolos como inevitables.

Una de las cosas de las que estoy seguro hoy en día es de que el hombre no va a llegar más lejos que la fe que tenga, ni más allá de lo que cree que pueda alcanzar. Si piensas que Dios está ausente en todo aquello que no posee una etiqueta que dice «cristiano», entonces será muy difícil que Dios te utilice fuera de los círculos cristianos.

Después de haber salido del círculo cristiano y haber conocido el mundo de la música secular, me doy cuenta de que hay muchísima más gente con talento dentro de las iglesias, con un potencial increíble para cambiar al mundo, que fuera de ellas. Quizás sea porque dentro de las iglesias estamos muy expuestos a la música; no lo sé. Esas personas nunca sabrán lo que Dios pudo haber hecho con ellos en el mundo. El problema es que estamos recluidos dentro de las cuatro paredes de la iglesia por nuestras creencias.

Dios me estaba hablando y era claro. Después de haber orado, tuve mucho miedo. Sabía que la iglesia estaría en contra de eso. ¿Qué pasaría con nosotros? Si salíamos de los círculos cristianos nos tildarían de vendidos o de habernos ido al mundo. Eran temores bien fundados. Había sido testigo de comentarios despiadados, amargos e insultantes en nombre de Dios y de la verdad, contra aquellos pocos que atentaban contra esta vaca sagrada.

No entiendo por qué alguien querría defender a Dios, y mucho menos si para hacerlo tiene que ofender a otro. Va en contra del carácter de Jesús. Dios no necesita que lo defiendan. Hoy Internet nos permite expresar abiertamente nuestras opiniones. Mucha gente se dedica a defender su punto de vista a través de ese medio, pensando que protege a Dios. Cuando ya no tienen algo inteligente que decir o cómo demostrar su argumento, el próximo paso es la ofensa. Si tu teología no produce en ti el carácter de Cristo, no sirve para nada.

En medio de todo eso, yo escuchaba la voz de Dios susurrándome al oído: «No te preocupes. Yo estoy contigo». Recuerdo un día en que estaba orando mientras luchaba con estas ideas. Puse nuevamente mi vida y destino en las manos de Dios. Terminé de orar y escribí lo siguiente:

Parado en la orilla miro hacia abajo,
pienso que quizás
no podré, no podré volver.
Y escucho tu voz
hablando a mi corazón,
diciendo: «Nada,
nada te pasará».
Y yo te creo a ti.

El viento roza mi cara
mientras el miedo grita en mi interior
«Nunca, nunca lo lograrás».
Pero te vuelvo a oír
hablando a mi corazón, diciendo:
«Nada, nada te pasará».
Y yo te creo a ti.

Mira adelante y piensa que nunca sabrás
qué hay detrás de aquel dintel
hasta caminar.
Y yo te creo a ti.

No habrá montañas que no se moverán
No habrá tormenta que no ceda ante ti.

Con dos o tres acordes esta letra se convirtió en la canción «Yo te creo a ti», que incluí en el disco *Historias de una novia en espera*. Refleja totalmente mis temores y mi deseo de seguir a Jesús a pesar de las consecuencias.

«¡Cinco minutos muchachos! ¡Cinco minutos!», nos volvió a decir nuestro representante. Afuera se escuchaba el bullicio de la gente gritando y platicando, sumado a la música. Seguramente la gente estaba bebiendo mientras esperaba la banda en vivo. Me di vuelta para ver el reloj. Casi era media noche. ¿Qué hacíamos ahí?

Cerca de dos años antes habíamos organizado una gira junto con varios amigos. Nuestro deseo era ser una herramienta para la iglesia. Propusimos una estrategia muy sencilla: Invita a tus amigos que no conocen a Jesús a un muy buen concierto, y nosotros les hablaremos de Dios. La idea era establecer contacto con los pastores de cada ciudad y los grupos de jóvenes con anticipación para animarlos a que hicieran la parte del esfuerzo que nosotros no podíamos hacer, es decir, convocar a sus amigos. Era un plan perfecto. Al menos eso pensábamos.

Comenzamos sin dinero. Mi amigo Timmy Ost y yo nos lanzamos a recaudar fondos. Buscamos patrocinadores. Viajamos a Estados Unidos varias veces en busca de apoyo económico. ¡Una labor titánica! Sé que era motivado por nuestro deseo de ver a muchos chicos acercarse a Jesús. Conseguimos camionetas, mandamos a imprimir miles de volantes sobre cómo hablar de Jesús. Invertimos nuestro tiempo y nuestro dinero en el proyecto.

Todo iba viento en popa. Compramos un pequeño automóvil con el que Hugo Balmori se dedicó a recorrer todo México teniendo encuentros con pastores y reuniones con líderes. Timmy llegó unos días después a dar un concierto y a animar a los líderes de jóvenes con otro grupo de personas. Lo que no teníamos previsto era encontrar oposición en la propia iglesia.

Recuerdo un día en el que uno de los organizadores en Querétaro llamó muy apenado diciendo que tenía que cancelar el concierto porque un pastor de una de las iglesias más grandes de la ciudad lo había llamado por teléfono para decirle que nos suspendiera o él mismo se encargaría de boicotear el evento. Cuando le pregunté cuál era la razón, este pastor señaló que éramos mala influencia para los muchachos. Cuando inquirí para saber a qué se refería con mala influencia, me dijo que le habían mencionado mi peinado. ¡No podía creer lo que estaba escuchando! ¡El peinado! Lo que claramente decía ese pastor era que prefería que los chicos se fueran todos peinaditos al infierno, antes que imitar nuestro corte de cabello. ¡Qué tristeza!

Ha sido una constante en mi ministerio. Soy muy consciente de que el mensaje que damos acerca de Dios no tiene que ver solo con las palabras y las canciones. De hecho eso es verdad para cualquier persona. Simplemente la manera de vestirse o de peinarse hablan de lo que uno cree que es Dios.

Nosotros, cuando subimos a un escenario, damos este mensaje: «No importa como te vistas o como te peines, Dios te ama y te acepta como eres. Dios no está peleado con el peinado, ni con la música, ni con la guitarra eléctrica, ni con la modernidad. Jesús te esta esperando así como eres».

El problema con el que se encuentran los chicos cuando van a un concierto como el nuestro y conocen allí a Dios es que al llegar a una congregación les dicen: «A Dios no le gusta ese tipo de ropa. Dios está peleado con ese peinado que llevas. A Dios no le agrada la música que escuchas». Básicamente, Dios está en contra de todo lo que vieron en el concierto.

En la ciudad de Veracruz también nos cancelaron. Entre los pastores corrió el chisme (no sé de qué otra manera decirlo) de que yo andaba en la «tercera ola del avivamiento». Hasta el día de hoy ignoro qué es eso. El resultado final fue que boicotearon el evento una vez más. Estos solo son dos ejemplos de las muchas veces que nos sucedió algo similar.

No somos los únicos que hemos hecho un intento fallido. Hace unos cuantos años viajé a una ciudad de México en la que un ministerio norteamericano había invertido algunos cientos de miles de dólares en un evento en la plaza de toros de esa ciudad. El ministerio es muy conocido. Todo el mundo, líderes y pastores, quería salir en la foto. Al acudir al evento me dio la impresión de que era un gran culto lleno de cristianos. Varios amigos pastores de esa ciudad me dijeron que, en efecto, fueron muy pocos los que realmente trataron de llevar gente nueva al concierto. La intención y la gran inversión para que gente nueva conociera a Jesús quedó solo en eso, en una buena intención.

Tom Nebel, un misionero amigo mío, escribió un libro llamado *Trampas en el liderazgo*.[6] En una parte de su obra dice que en toda congregación llega el momento en que la misma iglesia se convierte en una iglesia de mantenimiento. El pastor se preocupa por mantener a los que tiene para que no se vayan. Los nuevos no están en el mapa ni en los planes. Todos los proyectos y programas de la congregación se destinan al grupo de adentro, sean cincuenta o cien. En ese momento, la iglesia deja de crecer. Creo que eso es lo que sucede a gran escala.

---

[6] Tom Nebel y Gary Rohrmayer, *Trampas en el Liderazgo*, Vida Nueva, México, 2011.

inconforme

El sabor que me quedó en la boca luego del esfuerzo que hicimos fue que en realidad no hay un interés por el nuevo dentro de la mayoría de las iglesias.

Una de las películas que marcó mi vida, sin lugar a dudas, fue *La lista de Schindler*,[7] ganadora de varios premios Oscar, producida en los años 90 y dirigida por Steven Spielberg. Es una película realizada en blanco y negro que trata sobre el holocausto judío y sobre cómo un hombre alemán, llamado Oskar Schindler, intentó salvar a cuanto judío pudo, comprando a cada uno a fin de que trabajara para él y su empresa. Solo logró comprar mil cien judíos. Al principio de la historia se lo veía siendo infiel a su esposa, pero un fiel afiliado al partido nazi en Cracovia. Se aprovechaba de la situación de los judíos en cautiverio como mano de obra para una empresa de manufactura de utensilios de cocina. Era una persona totalmente egoísta. Durante la trama se ve cómo fue cambiando, hasta que se dio cuenta de que podía salvar a esos judíos comprándolos. Comenzó a usar el dinero de su empresa para adquirir cuanto judío en cautiverio pudiera. El clímax de la historia tuvo lugar cuando finalmente los nazis perdieron la guerra. Él sabía que no podía permanecer en Cracovia, porque sería considerado un prisionero de guerra. En una de las tomas finales, se le ve con su maleta, listo para irse. Es de noche. Afuera lo esperan todos los trabajadores que ha salvado, vestidos con sus ropas harapientas, pero con la estrella que los identifica como judíos cosida a ellas.

Una comitiva lo espera. Saben que tiene que huir. Le dan una carta que explica lo que hizo por ellos, en caso de que sea capturado y tratado como prisionero de guerra. Todos los trabajadores la han firmado, avalando la historia. Su contador, un judío llamado Itskah Stern, se para frente a él y le da un anillo de parte de todos ellos. Schindler lo toma, lo observa y nota una inscripción dentro del anillo. Entonces Itskah le dice: «Está en hebreo. Viene del Talmud. Quiere decir: Aquel que salva una vida, salva al mundo entero». Schindler se siente conmocionado. A causa de la emoción se le cae el anillo. Se inclina a recogerlo. Se incorpora claramente compungido. Se coloca el anillo frente a todos los trabajadores y le extiende la mano a Itskah. Se dan un apretón de manos en señal de hermandad. Lo único que Schindler atina a decir es: «Pude haber comprado más».

---

[7] La Lista de Schindler, Steven Spilberg, 1993.

Itskah le contesta: «Oskar, mil cien personas están vivas por ti. Míralas». «Si tan solo hubiera hecho más dinero», se lamenta Schindler. «Desperdicié tanto. ¡No tienes idea!», agrega mientras comienza a llorar. «Habrá generaciones por lo que hiciste», lo anima Itskah. «No hice lo suficiente» le contesta Oskar entre lágrimas. Se acercan al carro en el que partirá y Schindler rompe en llanto otra vez: «Este carro. ¿Por qué me quedé con él? ¡Hubiera podido comprar diez personas por su valor! Y este prendedor», agrega observando la solapa de su saco, «es de oro. Dos personas más. Me hubieran vendido dos personas por esto, o por lo menos una. Una persona más. Una persona por esto», dice visiblemente quebrantado. Para ese entonces yo ya estaba llorando a moco tendido.

La lección que me deja es esta: ¿Cuánto estoy dispuesto a pagar para que alguien conozca a Dios? ¿Cuánto estamos dispuestos nosotros a pagar por una persona más? ¿Siquiera lo pensamos, o nuestro cristianismo es tan cómodo que una persona más significaría algo de incomodidad para nosotros? Si es más importante el corte de pelo, el estilo de música o nuestra propia manera de hacer iglesia antes que las personas; si son más importantes nuestros gustos personales que la gente que no conoce a Dios, entonces hemos perdido el objetivo de lo que es ser iglesia. Lo que hizo Jesús en la cruz se ha convertido en una fe privada. Entonces, ¿para qué compartirla?

Ya es hora, nos dijo nuestro representante. Salí al pequeño escenario. Me sentía un poco raro. Aunque hacemos una lista previa de las canciones, siempre trato de sentir el ambiente para saber por dónde va a ir el concierto. Cantamos temas como *Una canción no bastará* y *Me quema*. Por lo general, digo algunas palabras entre canción y canción. Ese día no hablé. La mayoría de las personas ya estaban lo suficientemente alcoholizadas como para que yo pretendiera predicarles. Solo tocamos lo planeado y terminamos. No más de cuarenta y cinco minutos. Durante todo ese tiempo dentro de mí había una lucha interna. ¿Nos habríamos equivocado? ¿Qué estábamos haciendo allí? En medio de ese batallar, hice mi mejor esfuerzo en el escenario. Los muchachos, como siempre, tocaron increíble. El público en el bar fue muy generoso con nosotros. Cantaron e hicieron lo que les pedía desde la plataforma.

Terminamos cerca de la una de la madrugada. Fue una de esas veces en las que uno está más contento por haber

inconforme

terminado que por cómo le fue en el concierto, más por mi lucha interna que por otra cosa. El bar seguiría abierto aún por un par de horas.

Cuando bajábamos del escenario se acercó el representante y nos dijo: «Alguien les mandó este regalo y quiere hablar con ustedes». Era una botella de whisky. Yo no sé de licores, pero parecía cara.

Se acercó un hombre de unos cuarenta años que olía a alcohol. Lo primero que dijo fue: «¡Dios me habló! ¡Dios me habló con sus canciones!». Fue de esas situaciones raras. Él vino y comenzó a decirme con lágrimas en los ojos que trabajaba para el gobierno estatal y que el día anterior había tenido un accidente automovilístico en el que casi había perdido la vida. Por eso estaba allí, porque había decidido ir a ese bar a celebrar que Dios lo había protegido, sin siquiera saber que iba a haber música en vivo, o sea nosotros. Al escuchar las canciones fue como si Dios le hubiera dicho que él tenía un plan para su vida y le daba una segunda oportunidad. Me dio su tarjeta y me dijo que cualquier cosa que necesitáramos mientras estuviéramos en la ciudad, él nos ayudaría. Como muestra de su agradecimiento nos compró aquella botella.

No prediqué esa noche, no hice un llamado, no dije ningún versículo bíblico en esa ocasión. De hecho, no quería estar ahí. Me di cuenta de que Dios no me necesita, y aun así me quiere dar la oportunidad de ser parte de esta salvación tan grande para muchos, al igual que a ti.

Siempre he querido ser una herramienta para que aquellos que jamás pondrían un pie en la iglesia por ideas preconcebidas acerca de los cristianos que conocen, pudieran escuchar acerca de Dios. Siempre desee decirles: «Dios no está peleado contigo. Te ama así como eres. Acércate a él». Y si una guitarra y tres acordes me ayudan a decirlo, es lo que haré. Lo seguiré haciendo mientras pueda.

En el transcurso que me llevó guardar mi guitarra y salir del bar, perdí la tarjeta de presentación que me había dado. Nunca más volví a saber de él. Al final del día, Dios me mostró que aquel hombre y todos los que se encuentran en una situación similar eran la razón por la que estábamos tocando en ese lugar.

capítulo 6

Ciudad del pecado, Ciudad de la gracia

«¿Quieres ir a la iglesia?», me preguntó mi hermana en una de las visitas que hice a Las Vegas, donde ella vivía en 2004. «¡Claro!», le contesté sin saber lo que me esperaba.

Llegamos al edificio. Allí, varias personas de pie en la puerta nos dieron la bienvenida con una gran sonrisa. Era un poco temprano para la siguiente reunión, así que nos dirigimos al café tipo Starbucks que había a la entrada. Compré mi café y entramos al auditorio. Nadie se molestó ni nos dijeron nada por ingresar con la bebida. Al contrario, había muchas personas en el recinto con su café en la mano. Aquello era raro para mí.

Escuchamos música ambiental mientras esperábamos. Estaba un poco oscuro. El ambiente se parecía más a los momentos previos a un concierto que a otra cosa.

La gente vestía ropa casual. Al parecer no había un código especial de vestuario. Algunos estaban en shorts y sandalias. Eso también era raro, ya que en todas las iglesias que había conocido había cierta expectativa de vestimenta.

Recuerdo que poco más de diez años antes de aquello, cuando aún era soltero, conocí a cierto predicador. Como me gustó su manera de enseñar, me le acerqué. Quería aprender de él todo lo que pudiera. Le pregunté si podía acompañarlo en algún viaje, solo por tener esa experiencia. Me invito a ir a una congregación en Iztapalapa, México, si no me equivoco. Como pude, me pagué el boleto en autobús entre Durango y la Ciudad de México. Un trayecto de doce horas, aproximadamente. Me ofrecí, aunque más no fuera, a cargarle las maletas. Yo quería aprender. Me acuerdo que el domingo llegué con él a la

inconforme

congregación. Él iba a predicar como invitado especial ese día en esa congregación. Yo no llevaba corbata porque no acostumbraba ponermela; nunca lo hice. Aun ahora no lo hago. Solo en ocasiones especiales… ¡Muy especiales! Tanto así que hace poco Jesús Adrián Romero se tomó una foto conmigo en una boda a la que nos tocó asistir, burlándose de mí por mi *look*. Obviamente, la subió a Twitter y Facebook diciendo que no lo podía creer. «¡Increíble! ¡Edgar Lira con corbata!». ¡Ja!

Aquel día en el que visité esa congregación acompañando a este predicador, cargándole la maleta, al verme sin corbata me mandaron a sentarme atrás. Obviamente, me hicieron sentir mal. Fue una experiencia negativa para mí, teniendo en cuenta que era la primera vez que asistía. Después me enteré que era una regla dentro de la congregación el segregar a los «sin corbata» y ubicarlos en la parte de atrás de la reunión como a niños regañados. Estoy seguro de que si yo hubiera sido una persona nueva no habría regresado a esa congregación nunca. ¡Imagínate! Lo de afuera se puede maquillar, lo de adentro solo Dios lo ve. ¡Era más importante la ropa con la que alguien venía que la necesidad de su corazón! Claro, la necesidad del corazón no se ve, la ropa sí. Tenemos la tendencia a poner nuestros ojos en las cosas de afuera, cuando lo que Dios busca son las de adentro, las del corazón.

Pero aquel día en Las Vegas, en 2004, el primer día en que asistí a Central no ocurrió eso. Mi experiencia fue totalmente diferente. Me gustó.

Estábamos sentados esperando que algo sucediera mientras tranquilamente nos tomábamos el café. En determinado momento salió la banda de alabanza a acomodar sus instrumentos. Parecía un grupo de rock. La música ambiental bajó, las luces cambiaron iluminando el escenario, y los músicos comenzaron a tocar una canción instrumental. De inmediato reconocí los primeros acordes de la canción con la guitarra eléctrica, la distorsión y el *delay*. Era la canción *Vértigo* de U2, que acababa de salir al mercado unas semanas atrás. La reconocía porque había comprado el disco. Eso me causó demasiada curiosidad. Nunca había escuchado a nadie tocar una canción secular así en ninguna iglesia. Tampoco me pareció fuera de lugar dentro del contexto. El sitio no parecía una iglesia, sino un teatro muy bien acondicionado para tres mil personas. El techo estaba pintado de negro para esconder las luces robóticas que colgaban de él. Había butacas cómodamente preparadas. Era toda una producción de concierto, solo que se trataba de una iglesia.

La canción fue solo un instrumental mientras la gente se acomodaba en sus asientos. Al terminar, Michael Murphy, que estaba dirigiendo ese día la alabanza, dijo en inglés: «Bienvenidos a Central. Esta canción que acabamos de tocar se llama *Vértigo*. Muchas veces nuestra vida sin Jesús es así. Los queremos invitar a que se pongan de pie y canten con nosotros». No dijo más. Tampoco le dio importancia a haber tocado una canción secular. Era como si las personas de esa congregación estuvieran acostumbradas a ello.

Después, nos dirigieron a cantar unas cuantas canciones más de Hillsong. Siguieron los anuncios, la ofrenda y la prédica.

El pastor no dio vueltas con la prédica. Fue al grano. De hecho, su manera de hablar era más similar a la de un muy buen conferencista que a la de un predicador. Media hora le bastó para señalar dos o tres puntos muy atinados y contemporáneos. Toda la reunión duró solo una hora de principio a fin. En ese entonces, hace ya casi diez años, todo eso me resultaba muy raro, ya que venía de otro tipo de iglesias en América Latina. Central era otro estilo. Otra manera de hacer iglesia. Me gustó.

Al terminar la reunión me preguntaba si no tendrían algo en español. *¡Estaría genial que existiera una congregación así en español!*, recuerdo haber pensado al final. Mis amigos no se sentirían fuera de lugar, tendrían una excelente experiencia y se llevarían un muy buen mensaje.

Las Vegas es quizás el lugar menos esperado para que Dios haga algo. Es una realidad que «el que busca encuentra» y aquí en Las Vegas eso es especialmente cierto. «Lo que pasa en Las Vegas, se queda en Las Vegas», dice su eslogan (a menos que se tomen fotos, y entonces sí, «Lo que pasa en Las Vegas, lo suben a Facebook»).

Recuerdo una de las primeras veces que visité Las Vegas antes de esta ocasión. Venía manejando junto con mi esposa por la autopista US15 que se conecta con San Diego en el punto más al sur de los Estados Unidos. Era de noche, así que la luz de la luna me permitía ver delineadas las figuras de las montañas. Nada de árboles. Solo tierra y piedras. Parecía el paisaje perfecto del coyote y el correcaminos, solo que de noche. Era el desierto de Mojave.

En la US15 hay muchas rectas, así que se veían filas de focos rojos. Las de los carros que iban frente a nosotros a lo largo de muchos kilómetros. Del lado izquierdo se observaban filas de faros de los autos que venían del lado contrario, ya de regreso. Muchísima gente viajaba de ida y de vuelta.

Después de varias horas, a lo lejos comencé a ver un aura de luz. En medio de la noche se puede ver como el reflejo de una gran lámpara encendida a la distancia. No atiné a calcular cuán lejos estaba, pero en realidad todavía faltaba más de una hora para llegar.

Mientras nos acercábamos, ese reflejo de luz en el cielo se volvió más intenso. Sabíamos qué lo provocaba: los millones de focos que iluminan cada noche aquella increíble ciudad. Las Vegas, *la ciudad de las luces*, o mejor conocida como *la ciudad del pecado*, apodo que se ha ganado a pulso.

Si alguna vez has tenido la oportunidad de visitar Las Vegas, sabrás que de día no tiene mucha gracia. Es cierto que los edificios de los hoteles han sido cuidadosamente decorados, cada uno con su temática. Pero en realidad su encanto comienza cuando la luz del día se va. Resulta increíble la cantidad de personas que llegan año a año a esta ciudad de fiesta continua y juego.

Desde sus orígenes, Las Vegas ha tenido sus peculiaridades. El día de hoy se calcula que cuenta con 124.270 cuartos de hotel que hospedan a los cerca de 39,2 millones de personas que la visitan anualmente. Sus humildes comienzos tuvieron lugar como un pueblucho de paso para el tren que unía Los Ángeles, Las Vegas, Salt Lake City y Chicago, a mediados del 1900. Era un oasis en medio del desierto. Una parada obligada para todos aquellos que hacían ese viaje.

Unas cuantas décadas después, por su naturaleza de lugar de paso, se convirtió en un sitio al que la gente se sentía libre de ir por alcohol, juego y mujeres, cuando en otros estados de Estados Unidos eso era ilegal. La legalización del juego hizo que los mafiosos de Nueva York y Chicago se interesaran en invertir en Las Vegas, abriendo hoteles y casinos a mediados de 1940.

Las Vegas ha sufrido muchos cambios desde sus inicios. Y ha tenido un crecimiento económico ascendente a lo largo de casi toda su historia.

En 1962, la ciudad vivía una explosión económica con los casinos. Elvis Presley y Frank Sinatra dominaban la escena musical, con mucho éxito, desde esta ciudad. Eran considerados iconos culturales a los que los jóvenes tomaban como modelo. La ciudad estaba creciendo.

Precisamente ese año, un grupo de veintiséis personas se reunió por primera vez en un pequeño salón llamado The Odd Fellows Hall en la calle 9 del centro de Las Vegas para buscar a Dios. El edificio aún se encuentra allí, muy cerca de la Freemon Street, la famosa calle en la que se ve el letrero luminoso del vaquero saludando y el legendario hotel Golden Nuget, en el centro de Las Vegas.

En el edificio de The Odd Fellows Hall apenas caben ochenta personas sentadas. Es un cuartito de cinco por diez. Cuando uno entra, huele a humedad y a viejo. Hace poco estuve grabando un vídeo allí, que precisamente relataba esta historia.

Uno de los miembros de ese grupito de veintiséis personas, que aún está vivo, contó que ese pequeño lugar se usaba para diferentes actividades comunitarias. Lo primero que hacían cada domingo era barrer las botellas que habían quedado de la noche anterior, para después llevar a cabo la reunión. No les importaba compartir el lugar con gente que en lo último que pensaba era en Dios.

Hace poco me encontré sosteniendo una conversación con uno de los músicos que nos ayudó durante un tiempo con la música en la iglesia que pastoreo. En nuestra charla tocamos un punto similar. Me decía que para él el templo era muy sagrado porque ahí era donde estaba la presencia de Dios. Por más que saqué la Biblia y le hablé del antiguo pacto y del nuevo pacto, y de cuando se había rasgado el velo en el templo el día que murió Jesús en la cruz, como símbolo de que la presencia de Dios ya no estaba exclusivamente en ese lugar; y por más que le mencioné lo que dice Pablo en Hechos 17.24: «El Dios que hizo el mundo y todo lo que hay en él es Señor del cielo y de la tierra. No vive en templos construidos por hombres», no lo pude hacer cambiar de parecer. De hecho, él ya estaba convencido de que era el lugar en el que estaba la presencia de Dios. Así se lo habían enseñado en la iglesia anterior. Es una persona muy talentosa (extremadamente, por cierto) pero muy frustrada, porque no lograba llegar lejos con su talento. Creo que en parte se debe a todas las cosas que le han enseñado, y que no son exactamente lo que la Biblia dice. Es algo que nos puede pasar a todos. Dejamos muy poco margen para que Dios nos dirija cuando nuestra opinión es más fuerte que la Biblia.

Si bien es cierto que debemos tener un lugar digno para hacer nuestras reuniones y que Dios está ahí, también es real que Dios está en todos lados. Cuando enseñamos que la presencia de Dios se encuentra exclusivamente en un lugar, creamos una cultura de doble moral en la iglesia. La gente se comporta piadosamente en el templo porque cree que Dios está ahí, pero considera que en el trabajo y en otros ámbitos de su vida diaria Dios no está presente. Como si al salir nosotros del templo el Señor se quedara en aquel lugar. Dios habita en el corazón de los creyentes. Donde hay creyentes está Dios con ellos.

Aquel grupo de veintiséis personas al principio no tenía pastor. Simplemente deseaban buscar a Dios y que otros conocieran a Jesús en Las Vegas. El primer día que se reunieron, en 1962, en ese saloncito de usos múltiples en el que se hacían fiestas las noches de los sábados (lo que significa un poco más de cincuenta años atrás), nació la Central Christian Church, a la que nosotros conocemos simplemente por Central.

La idea de que la iglesia no es un templo ni un edificio, sino un grupo de personas, ayuda a poner en perspectiva lo que es el lugar en el que nos reunimos el día de hoy. Si el propósito es cantarle a Dios y escuchar a alguien hablar de él, los requisitos mínimos son que las personas estén cómodas y que se escuche bien. Se trata de una construcción utilitaria. Cuando la gente llega a la reunión, recién ahí se convierte en iglesia. El edificio sirve a las personas, no al revés. Cuando la iglesia se va, el edificio es solo eso, un edificio. Dios está con su gente.

ciudad del pecado, ciudad de la gracia

Aquel grupo de personas estaba agradecido a Dios por el lugar en la calle 9 de Las Vegas, pero muy pronto comenzó a crecer. Se vieron en la necesidad de tomar una decisión que ha definido la historia de Central a través de los años: quedarse donde estaban, o crecer. Optaron por la segunda.

Asumieron el desafío de salir de The Odd Fellows Hall y por fe se mudaron a un pequeño edificio de iglesia en la calle 11. No pasó mucho tiempo hasta que, otra vez, tuvieron que tomar una decisión similar, y se lanzaron a comprar su propio edificio sobre una calle llamada Mojave. Crecieron tanto que debieron construir una extensión, un segundo auditorio al lado.

Unas cuantas décadas más tarde, se vieron en la misma encrucijada: quedarse donde estaban o crecer. Una vez más, en fe, se lanzaron a construir un edifico en un terreno sobre la autopista 95 en Henderson. Crecieron hasta convertirse en cuatro mil personas reunidas en el edificio en el que hoy se encuentra Central, ya desde hace cerca de diez años.

Desde sus inicios hasta ahora, ha habido siete pastores principales. La historia más curiosa que he escuchado, quizás en mi vida, es la de la llegada del último pastor, mi jefe y amigo Jud Wilhite. Pero la historia de Jud liderando Central el día hoy no comenzó con él ni en Las Vegas. Comenzó en otro lado. En Illinois.

Lisa era una chica que asistía a la iglesia. Había crecido en la iglesia, así que conocía muy bien la Biblia. Estaba comprometida con Dios. Un día, Mike Bodine, un chico de la escuela, la invitó a salir. Ella le dijo que estaba bien, pero que tenían que verse en el estacionamiento de la iglesia. Mike nunca había ido a ninguna iglesia. Pensó que se trataba de una proposición indecorosa: solos en el estacionamiento de la iglesia. Le pareció buen plan. Nunca se imaginó que lo estaba invitando a una reunión en la que le entregaría su vida a Cristo. Lisa se convirtió en su maestra de la Biblia. El hambre de Mike por conocer de Dios era intensa.

Cuando Mike tenía veintiún años, ya se había casado con Lisa. Comenzó a entrenar a una liga de béisbol de niños pequeños. De ser el suyo un equipo muy malo, lo llevó a lograr un segundo lugar en un campeonato nacional. Él cuenta que en su camino de regreso venía pensando cómo podía usar eso para Dios. Lisa le sugirió: «Quizás debas trabajar con los jóvenes de la iglesia».

inconforme

Mike fue a la congregación y pidió una cita con el pastor. En la cita, Mike le comentó que quería ver si había posibilidad de ayudar con los jóvenes. El pastor le dio el título de líder de jóvenes, ya que una semana antes la muchacha que estaba en el puesto había renunciado.

El día en que comenzó solo había cuatro chicos. Lo único que les dijo fue: «Hoy no vamos a tener reunión. Solamente regresen si están interesados». Solo regresó la mitad, o sea dos. Mike estaba tan emocionado que los desafió a ganar a la escuela preparatoria más cercana. La meta era invitar a sus amigos a la reunión. Llevarían a cabo juegos, pasarían un buen tiempo y serían expuestos a lo que la Palabra de Dios dice. En un muy corto tiempo la cantidad de chicos era la misma que la de los adultos en aquella iglesia.

En aquel tiempo, recibió una carta de otra iglesia que lo invitaba a trabajar a tiempo completo. Sintió que era Dios. Fue a buscar al pastor, que vivía en otra ciudad, cercana a la suya. Al llegar se encontró con la novedad de que la posición ya no estaba vigente, pero el pastor le comentó que había otra congregación que estaba buscando algo similar. Se dirigió a esa otra congregación, hizo la entrevista y le dieron el puesto. ¡Ahora podría dedicar su vida a servir a los jóvenes a tiempo completo!

Lo mismo que le sucedió en la iglesia anterior le paso aquí. La cantidad de jóvenes que venían, gracias al trabajo que Mike realizaba, sobrepasó al número de miembros de la iglesia. Fue noticia nacional. Dios estaba en el asunto.

Luego una tercera iglesia lo invitó. Ahora en Albuquerque, Nuevo México. Una vez más sintió que era Dios el que lo dirigía. Se mudó a esa ciudad. Lo que encontró allí fue desalentador. Había pleitos, discordias y chismes en medio de la congregación. Era un ambiente asfixiante para cualquiera que quisiera trabajar sinceramente para Dios. Le tomó mucho tiempo, pero logró hacer lo mismo: el grupo de jóvenes explotó. Ya con mejor equipo de audio y mejores instalaciones que las iglesias anteriores, podía hacer iglesia con sus jóvenes.

En medio de ese crecimiento y ese caos en la iglesia, el pastor principal lo llamó para tener una reunión. En esa reunión le pidió que hiciera con los adultos lo que estaba haciendo con los jóvenes. Mike pensó que era una locura. Guitarras eléctricas y batería contra grupos corales, himnos y togas. Siguió las instrucciones y respaldado por su pastor implementaron el cambio. El resultado fue un grupo de la congregación muy molesto por las modificaciones. Reclamaban y exigían que se respetara lo que ya estaba establecido desde hacía años. El pastor no se echó atrás. Mike siguió. El grupo que reclamaba terminó por irse. Pero lo que ocurrió fue increíble: ¡Un grupo nuevo, más pujante y animoso, comenzó a asistir! Llegó a ser la congregación más grande de Albuquerque.

Un tiempo después, ese pastor llamó a Mike nuevamente a una reunión. Allí le dijo que planeaba retirarse en dos años y que estaba considerando dejarlo a él como su sucesor para dirigir la congregación. Mike no se emocionó con ello. Al contrario. Se puso a orar. Buscó a Dios. Dentro de su corazón sabía que, sinceramente, la iglesia tenía muchos conflictos internos todavía. Una pregunta que lo comenzó a perseguir fue: «Si yo no trabajara en esta congregación, ¿me congregaría aquí? ¿Sería el lugar que escogería para mi familia?». Lamentablemente, la respuesta a estas preguntas resultó ser no.

En su búsqueda de Dios, sintió que Dios lo estaba llamando a Las Vegas. No sabía cómo. No tenía un plan o una manera de encararlo. Al tiempo, un pastor que había conocido casualmente se comunicó con él para invitarlo a trabajar en Central. Este hombre era Gene Apple, pastor de Central por diecisiete años.

Mike encontró en Central el campo de cultivo que estaba buscando. Gene contrató a Mike para ser el pastor ejecutivo. Un tipo de copastor dentro de nuestro contexto hispano.

Dos años después de que mandó llamar a Mike a Central, Gene dejó esa iglesia para ir a trabajar a Willow Creek como maestro, supliendo a Bill Hybels desde la plataforma. Mike entonces se quedó con toda la responsabilidad de Central. ¿Qué hacer? Quizás lo más fácil hubiera sido tomar la congregación y convertirse en el pastor principal. Lo he escuchado predicar y enseñar varias veces y es uno de los mejores que he oído. Sin embargo, Mike decidió hacer otra cosa. Él, junto con la mesa directiva, se propusieron buscar a un pastor más joven que pudiera predicar y llevar espiritualmente a la congregación a donde Dios quisiera. Mike inició su pesquisa y encontró a Jud Wilhite,

inconforme

un excelente comunicador y hasta cierto punto un «nerd» de la Biblia, que tenía tan solo treinta y tres años de edad en ese entonces. Formalmente lo constituyeron pastor de Central otorgándole toda la autoridad sobre la iglesia, y poniéndose Mike a su servicio.

Una de las cosas que me resultan más interesantes es la decisión de Mike de no quedar al frente de Central y buscar a otro para que asumiera ese puesto, colocándolo por sobre él mismo en autoridad. Por lo general, en las iglesias que conozco en América Latina, la cosa funciona más como un negocio familiar. Considero que es entendible. La mayoría de los pastores comienzan haciendo un esfuerzo para lograr tener una iglesia. Ponen todo lo que tienen. Al principio colocan sus propios recursos y trabajan largas jornadas. Cuando el grupo comienza a crecer, se vuelve autosuficiente. Ya no hay necesidad de poner dinero, ahora la iglesia puede solventar sus gastos por sí sola. Después de eso, cuando el grupo crece un poco más, ya no solo se solventa, sino que tiene un plus, hay un excedente. La iglesia compra terrenos, compra estaciones de radios, compra edificios. Todo eso con la semilla del sacrificio del pastor y su familia, casi, casi solitos. Cuando al pastor le faltan las fuerzas para continuar es cuando se genera el conflicto dentro de esa estructura. Nunca se pensó que ese momento iba a llegar. Nunca se consideró un plan B para cuando el pastor ya no pudiera continuar haciendo la obra de Dios. «¿Cómo le voy a dejar todo esto que se logró con tanto sacrificio a alguien que no trabajó por ello? ¿Cómo se lo voy a dejar a alguien que no es de mi familia, después de que pusimos todo?». Es la lógica natural. Por lo general un hijo o un pariente se queda al frente de la congregación, tenga o no el llamado. Por lo regular, si no tiene el llamado pastoral, tan pronto sucede el cambio la obra deja de crecer o se viene a menos. No me gustaría estar en los zapatos de alguien en esa posición. Creo que es una decisión muy difícil.

Si estás leyendo esto y reconoces que te encuentras dentro de una de estas estructuras, te recomiendo que sigas el curso natural de los acontecimientos, a menos que Dios te indique otra cosa. Oro que Dios te dé sabiduría y que el que se quede con tu rol pueda continuar y engrandecer aun más la obra que Dios depositó en tus manos. Si eres un pastor nuevo y recién estás comenzando, o sientes el llamado a serlo, quiero sugerirte que preveas esta situación de antemano. Planea dejar todo lo que haces a otra persona. Si es tu pariente o tu hijo, enhorabuena, pero si no, que Dios te dirija para escoger a alguien. Dios honrará tu decisión. Pero tienes que tomarla apenas iniciado el juego, si no será prácticamente irreversible. Por lo menos, tómala en el corazón.

Con Mike y Jud al frente, y con cerca de cuatro mil personas hace menos de diez años, nuestra iglesia ha crecido hasta alcanzar un número de veinte mil personas conectadas con Central cada fin de semana, ya sea en su campus principal aquí mismo, o en sus múltiples campus alrededor del mundo. Tienen campus en cárceles, escuelas y salones comunitarios. Han comenzado reuniones en bares y lugares públicos. El mismo sentir de aquel grupito que se reunió en 1962 se ha conservado desde entonces. El lugar ha sido lo de menos. Tienen campus en un rango de entre trescientas y seiscientas personas por domingo en Arizona, Australia, Alaska y cinco otros en los alrededores de Las Vegas, porque el edificio ya no daba para congregar a más personas.

Por mi parte, hace unos cuantos años estaba en mi etapa de *Ciudad Lypton*. Después de haber tenido una exitosa carrera ministerial (si se le puede llamar de alguna manera) sentimos de Dios comenzar a tocar fuera de los círculos cristianos. Un día, después de tocar en el Hard Rock Café de la Ciudad de México, se me acercó un americano para conversar. Su nombre es Tom Nebel. Me invitó a desayunar al día siguiente. En el desayuno me dijo: «Yo me dedico a plantar iglesias». Nunca había escuchado el termino plantar. Continuó: «Estamos interesados en plantar iglesias que no huelan a iglesia». Con eso me estaba diciendo que querían abrir iglesias pensando en el nuevo, en aquel que por sus propios prejuicios no entraría a una congregación tradicional.

Me dio un libro que él y otro amigo habían escrito. Estaba en inglés. *Church Planting Landmines*. Hace poco salió una publicación de él en español con el nombre *Trampas en el liderazgo*.

El libro hablaba sobre el crecimiento de la iglesia desde un punto de vista práctico. Para mí, por qué una iglesia crecía y otra no siempre había sido un misterio. La única explicación que escuchaba era que «Dios había traído un avivamiento» a esa congregación. Conocía demasiados pastores que buscaban ese avivamiento para crecer porque nadie más atinaba a darles una idea clara y práctica de cómo hacerlo.

Leí el libro. Eran diez capítulos con consejos e ideas atinadas acerca de por qué las iglesias grandes habían crecido. Consejos muy sencillos y prácticos que cualquiera podría implementar. Si bien es cierto que Dios es el que produce el crecimiento, también es verdad que él nos da la sabiduría para poner en práctica algunos principios que nos ayuden a llegar ahí. Me pareció que el libro sería como oro en las manos de cualquier pastor que pudiera leerlo. Yo no era pastor en ese entonces, aunque había estudiado en la escuela bíblica. Durante todo el tiempo que duró *Ciudad Lypton*, mientras tocábamos en bares y en lugares seculares, me dediqué a rastrear a todo el que pudiera ser candidato a pastor de una iglesia que no «oliera a iglesia» para conectarlo con Tom Nebel.

No cualquiera puede lanzarse a iniciar una congregación. Aquel que lo hace debe tener cierto perfil, muy parecido al que posee un emprendedor que abre un negocio. La razón de ello es que los desafíos de iniciar una congregación son muy similares: Uno cuenta con poca gente que lo ayude y la economía es incierta. Las buenas o malas decisiones que uno tome en esas dos áreas lo acelerarán o lo frenarán en las primeras etapas.

Después de un tiempo me di cuenta de que la búsqueda era difícil. No encontraba muchos candidatos. No hallé muchos emprendedores en la iglesia. Los pocos que encontré, y que querían ser pastores, deseaban fundar iglesias iguales a las que ya tienen años.

Comencé a leer más y más libros sobre cómo iniciar iglesias. Me formé una idea clara esperando encontrar a alguien que le interesara fundar iglesias mientras seguíamos de gira por estaciones seculares y en festivales de radio por todos lados.

Precisamente en esa etapa, en medio de un retiro, Dios les habló a Mike y a los demás miembros de la mesa directiva acerca de abrir una obra en español. Mike nunca lo había pensado.

Central abrió Central Online, un esfuerzo por crear una comunidad virtual en Internet que se pudiera conectar con Central en cualquier lugar del mundo. Comencé a conectarme desde la Ciudad de México. Se convirtió en mi iglesia a la distancia. Mi esposa y yo nos sentábamos en la sala del departamento a ver las reuniones de Central desde Las Vegas en la computadora, en pijama y con nuestro café al lado.

Un día, mientras chateaba con una persona de Central, le comenté lo que estaba haciendo y me mandó un correo. No le di mucha importancia y se lo reenvié a Tom Nebel para saber de qué se trataba. En menos de dos meses me llamaron para preguntarme si podría ir a Las Vegas, a Central. En mi primer viaje me senté a desayunar con Mike, Lisa, Jud y su esposa Lori. Nunca me imaginé que ese desayuno iba a terminar en una invitación a mudarme del Distrito Federal a Las Vegas para comenzar una obra aquí. El día de hoy tengo el desafío y el privilegio de dirigir el área hispana de Central.

Nunca pensé vivir en Las Vegas. De hecho, siempre que visitaba la ciudad me preguntaba: «¿A quién se le habrá ocurrido comenzar una ciudad en medio de la nada, en medio del desierto?».

El día de hoy estoy, junto con un increíble grupo de líderes y voluntarios, al frente de la congregación en español de Henderson, de LinkCentral.tv y de una nueva obra que estamos comenzando en el Noroeste de Las Vegas. Las personas están encontrando esperanza. Jesús está cambiando sus vidas. ¡Me emociona saber que soy parte de algo más grande que yo mismo!

Al igual que aquel grupito de personas que comenzaron Central y no desaprovecharon el lugar solo porque allí el día anterior se bebía alcohol por la noche, o porque tenían que llegar a limpiar las botellas antes de comenzar el domingo, pensamos que debemos aprovechar todos los espacios para hacer iglesia el día de hoy. El desafío de entonces es el mismo: O nos quedamos donde estamos o crecemos. Igual que ellos hemos decidido ser muy intencionales en cuanto a crecer.

Así como en sus inicios Las Vegas era un oasis para aquellos viajeros que atravesaban el país en tren, el día de hoy Dios ha creado un oasis en uno de los lugares más desérticos, espiritualmente hablando, para aquel que lo busca. Mike dice que solo en

inconforme

Las Vegas pudo haber ocurrido una historia como la de Central.
«¿Qué otro lugar del mundo conoces que sea el más mundano
y donde a la vez solo Dios se pueda llevar el crédito de lo que
está sucediendo con su iglesia? ¡Solo Las Vegas!», me dice.
Nosotros creemos que Dios está convirtiendo «la ciudad de las
luces» en una «luz para el mundo».

Si Dios puede alcanzar y cambiar a las personas de Las Vegas, puede alcanzar a cualquier persona en cualquier lugar del
mundo. Estamos convencidos de ello. En lugar de pensar que
«lo que pasa en Las Vegas se queda en Las Vegas», creemos
que lo que pasa en Las Vegas puede cambiar al mundo.

Nosotros no la llamamos «la ciudad del pecado». Nosotros
aquí en Central le hemos cambiado el nombre. Le decimos «la
ciudad de la gracia».

capítulo 7

Efraín

La gente se aglomeraba para estar en la reunión en aquella pequeña iglesia hispana de un pueblito polvoriento del estado de Texas, Estados Unidos. La publicidad que anunciaba la reunión de ese día los había invitado a venir. La mayoría había llegado por curiosidad. Querían saber si era cierto. La atracción principal en esa ocasión era, nada más ni nada menos, que un niño predicador: Efraín Martínez.

Efraín Martínez nació en McAllen, Texas, en el año 1955 y a la edad de nueve años aceptó a Cristo, se bautizó y sintió que Dios lo llamaba al ministerio. Tenía una facilidad para predicar que llamaba la atención a propios y ajenos. La manera en que conocía la Biblia y como la aplicaba a su corta edad, le causaba curiosidad a cualquiera. A pesar de que la mayoría venía a ver el espectáculo del niño predicador, muchísima gente se entregaba a Cristo cuando él hacía la invitación. Los frutos eran evidentes. Resultaba obvio que Dios lo usaba aun a su temprana edad.

Su fama y popularidad crecieron en muy corto tiempo. Muchos llegaban para ver a aquel niño prodigio hablar de Dios. Lo invitaban a diversas iglesias en el estado de Texas y en Tamaulipas, México, frontera con Estados Unidos. Su papá era el que se encargaba de la agenda y de los arreglos para los viajes. A su corta edad, el concilio de la denominación Asambleas de Dios le había abierto las puertas como evangelista. Casi cada fin de semana predicaba en un lugar diferente. Personalmente, él sentía que el llamado de Dios para su vida era a predicar. Pensaba que se iba a dedicar a ello toda la vida. Los siguientes años estuvieron llenos de viajes, iglesia tras iglesia. Se sentía muy contento de ser usado por Dios a tan temprana edad.

A pesar de que el ministerio iba viento en popa, las circunstancias económicas no eran favorables en su casa. Cuando cumplió quince años, su papá tuvo que tomar la decisión de dejar Texas y mudarse a Arizona en busca de un mejor futuro. A Efraín no le gustó la idea. Tenía bien dominada el área y mudarse a vivir a Arizona significaría llegar a un lugar que no conocía y en el que tampoco lo conocían. A pesar de que hubo algunos que se ofrecieron a cuidarlo si se quedaba, su papá insistió en que viajara con ellos, y así lo hizo.

Al llegar a Arizona conoció al superintendente de la Iglesia de Dios, Josué Beltrán Rubio, que se hizo su amigo. En muy poco tiempo Beltrán Rubio le brindó su confianza y le abrió las puertas de las diferentes iglesias que estaban bajo su supervisión en la zona para que fuera a predicar. Una vez más su habilidad para compartir la Palabra de Dios le permitió acceder aun a otros lugares. Aunque hacía tiempo había dejado el título de «niño predicador», su don para exponer la Palabra se había afinado con los años.

Mientras tanto, su familia seguía con complicaciones. Su papá no atinaba a salir adelante económicamente. Eso llevó a que nuevamente tomaran la decisión de mudarse de Arizona a Fresno, California, cuatro años después de haber llegado. Efraín una vez más siguió a su familia.

Su fama como predicador se había extendido ampliamente. Desde Fresno continuó con el ministerio mientras estudiaba. Predicaba donde lo invitaran. El ministerio estaba en una de sus mejores etapas. La gente lo seguía por su don para hablar del Señor. Muchísimas personas se convertían a Cristo.

Una parte muy importante de su predicación tenía que ver con las consecuencias del pecado. Sentía que el llamado de Dios a la gente era a que se arrepintiera y modificara su estilo de vida. El cambio tenía que ser drástico, de un día para otro. No había un margen de tiempo. La transformación debía ser instantánea, o aquello solo se convertiría un momento emocional. «Todo el que peca, merece la muerte», decía haciendo referencia a Ezequiel 18.20. «La paga del pecado es muerte», predicaba, hablando de Romanos 6.23. La gente se acercaba al altar buscando salvación y el perdón de Dios por sus pecados cuando Efraín predicaba.

Las invitaciones para predicar no mermaban. Tanto es así que le ofrecieron ser el orador de apertura de la Convención Anual de la Iglesia de Dios, aun sin ser ministro ordenado ni pertenecer oficialmente a esa denominación. En esa convención nacional de 1967 decidió unirse a ella y formar parte de la Iglesia de Dios. Tenía tan solo veintidós años cuando lo ordenaron como ministro.

En 1969 seguía viajando y predicando. Las puertas estaban abiertas donde él quisiera ir a predicar. Ese año la Iglesia de Dios lo mandó llamar. Tenían una propuesta para él. Las Vegas era un territorio no explorado aún. La Iglesia de Dios deseaba abrir una congregación en esa ciudad, y él era la persona que tenían en mente para que fuera a abrir la primera iglesia hispana en Las Vegas. Se habían realizado otros esfuerzos, pero sin mucho éxito. Pensaron que él lograría sacar adelante la obra. El único tema era que tendría que abandonar Fresno y mudarse a Las Vegas, dejando a un lado su ministerio itinerante. Tenía que concentrarse en levantar la iglesia en esa ciudad.

Al principio Efraín dudó con respecto a mudarse debido a que lo único que sabía de Las Vegas era que la llamaban «la ciudad del pecado». Tenía sus prejuicios. Después de mucha oración, sintió que en realidad era Dios el que lo estaba dirigiendo a ello. Le costó mucho dejar de ser un predicador itinerante y viajar por todos lados para concentrarse en levantar una congregación en aquella ciudad. A la vez pensaba que no quería ser como Jonás, y huir de la voluntad de Dios cuando lo estaba llamando a un nuevo lugar.

Finalmente se despidió de Fresno y comenzó a trabajar en Las Vegas. Al principio fue difícil. Las Vegas era un terreno nuevo y duro. Presentaba sus desafíos, pero su habilidad con la Palabra le abrió paso, como siempre había sucedido. Después de mucho esfuerzo, logró construir un edificio para la iglesia. La gente comenzó a llegar aun en mayor número al templo. Aquel lugar se llenó. Efraín se sentía contento con la obra y el resultado. Dios estaba prosperando su trabajo.

Después de seis años y medio de labor levantando esta primera congregación para la Iglesia de Dios, recibió un llamado de la misma organización. Le pidieron nuevamente que dejara ese lugar para ir a abrir una nueva obra, ahora al norte de Las Vegas. Una vez más se aventuró, creyendo que Dios lo estaba dirigiendo, y también tuvo gran éxito en esa segunda congregación.

Su trabajo le consumía las veinticuatro horas del día, los siete días de la semana. Sentía que su llamado le exigía dar todo por la obra de Dios. Su esposa mostraba una admiración especial por él. Ella lo apoyaba incondicionalmente. Su entrega a la obra de Dios y su don para enseñar la Biblia la hacía pensar que Efraín era un ángel, un santo, un enviado de Dios. En esa posición lo tenía en su mente. Él nunca le dio motivos para que pensara otra cosa. En realidad era una persona entregada a Dios y a su obra.

Pasaron cuatro años. Todo iba viento en popa. En esas circunstancias recibió otro llamado de la organización. En esta ocasión querían pedirle que se hiciera cargo del departamento juvenil y de educación cristiana de toda la denominación. Como en las veces anteriores, tendría que dejar lo que había comenzado para ir a trabajar detrás de un escritorio en una oficina, organizando los campamentos y conferencias anuales de las diferentes regiones. Oró nuevamente. Sintió que esa era la dirección que tenía que tomar. Creía que Dios estaba detrás de aquella decisión. Una vez más se entregó en cuerpo y alma, las veinticuatro horas del día, a ese trabajo, organizando y viajando a dar conferencias en todo lugar que fuera necesario.

Todo el tiempo estaba ocupado haciendo o contestando llamadas, organizando y viajando. Siempre en la carretera o en un avión. Entregarse cien por ciento al servicio de Dios era su llamado, sin importar las circunstancias o el sacrificio que tuviera que hacer. Ya fueran desvelos, viajes largos, o prolongados períodos de ausencia de su casa. Primero estaban Dios y su obra. Todo por la obra. Se sentía obligado por el ministerio. Al menos, eso pensaba que tenía que hacer.

Este excesivo compromiso con la obra de Dios por tanto tiempo y sin descanso no vino sin sus consecuencias.

Un día, en una de sus travesías, mientras manejaba en la noche entre Fresno y Las Vegas en 1987, sintió una soledad inexplicable que le partía el corazón. A mitad de camino y en medio de la nada, detuvo el auto al lado de la carretera. La soledad que sentía en ese momento dentro del carro era tan densa que se podía cortar con un cuchillo. Comenzó a llorar. No podía explicar lo que sentía o lo que le pasaba. Era un sentimiento de ausencia. Como si una pieza le faltara dentro del corazón. Se llevó las manos al rostro. No podía contener el llanto. Era como si algo lo asfixiara por dentro, en su alma. Estuvo ahí durante varios minutos entre sollozos, deseoso de que alguien lo ayudara. Lo que sentía era más profundo que la soledad por falta de compañía. A raíz de todos los viajes que debía realizar, casi no veía a su esposa, que fielmente siempre lo apoyaba. Eso contribuía al sentimiento. Pero su problema era otro. Tenía que ver con la condición de desgaste a causa del excesivo trabajo ininterrumpido que había acumulado por años. Estaba relacionado con cargar los problemas de las personas poniéndoselos sobre los hombros y llevándoselos a casa, en lugar de depositarlos a los pies de Jesús.

«Dios, ¿qué me pasa?», oró esa noche estrellada en medio de la carretera, con lágrimas en los ojos. En realidad no sabía qué le ocurría. Nunca se había sentido así. A pesar de estar en el ministerio, en ese momento se sentía solo, vacío, con una ausencia en su alma. Con el dolor en su corazón aún presente, se secó las lágrimas y reanudó la travesía. Su dolor no encontró alivio esa noche.

Hacía ya varias décadas que había dejado de ser el «niño predicador». Aun así, su ministerio había sido probado una y otra vez con todos los retos que había enfrentado. Siempre demostró que su llamado era genuino, auténtico y muy fuerte. Y en toda ocasión había intentado ser fiel a él y dar todo lo que tuviera que dar. Había pagado el precio muchas veces por la causa de Cristo y su iglesia.

Dentro de su organización había llegado muy lejos. La denominación era regida por doce miembros, pastores principalmente, que funcionaban como la mesa directiva. Ellos tomaban las decisiones en cuanto a la dirección de todas las iglesias a su cargo. Efraín llegó a ser uno de los doce miembros de la mesa directiva de las Iglesias de Dios. Contaba con el reconocimiento y la admiración de sus contemporáneos.

En medio de sus sentimientos de soledad y vacío, no contaba con muchas personas con las que se pudiera abrir para contarles lo que estaba sucediendo dentro de él. Eso hacía que fuera más difícil encontrar ayuda. En realidad, en medio del ajetreo del ministerio comenzó a descuidar su relación con Dios.

Necesitaba ayuda. Pensaba que estaba al punto de una crisis nerviosa. No sabía qué hacer. Habló con su amigo ahora de años, Beltrán Rubio, que era su supervisor y estaba al frente de la mesa directiva. Se abrió con él. Beltrán Rubio pensó que era solo cansancio. Le dijo que se tomara un tiempo en el ministerio, un descanso. Efraín le tomó la palabra. Dejó el trabajo de oficina por un tiempo, pero siguió con sus compromisos como predicador tomándose el tiempo de descanso en Las Vegas, donde vivía con su esposa.

En Las Vegas hay miles de conferencias empresariales y desfiles de moda cada año. Es el lugar preferido de las grandes corporaciones, porque ofrece trabajo de día y fiesta de noche, aparte de los atractivos shows y el juego.

En ese tiempo sabático de Efraín, un amigo lo llamó para decirle que tenía boletos para una comida que incluía un desfile de modas. «Puedes venir conmigo si lo deseas», le dijo. Al no tener otros compromisos, Efraín decidió acompañarlo.

Una conocida tienda comercial organizaba el evento. Se desfilaba ropa de temporada. Había mesas redondas acomodadas a uno y otro lado de la pasarela. Mientras disfrutaban de la comida, los modelos hacían lo suyo, pasando la ropa. Los modelos eran chicos y chicas que vivían en Las Vegas y habían sido contratados para hacer la presentación de la marca.

La moda no era algo que le interesara a Efraín. Había ido por acompañar a su amigo y por la comida. Su atención estaba en otra cosa cuando alguien se le acercó por atrás y discretamente le dijo: «Tome. Aquí le mandan esto», colocándole en sus manos un papelito doblado.

En él venía escrita una nota. «Hola. Me interesa platicar contigo. Búscame tras bambalinas. Elisa».

Elisa era una hermosa chica argentina que, precisamente, trabajaba como modelo en esta ciudad. Había sido contratada para el desfile de modas de ese día.

Eso era nuevo para Efraín. No supo qué pensar en ese momento. Creyó que quizás sería una oportunidad de parte de Dios para hablar de él con la jovencita. Titubeó un poco. Obligado por su conciencia, porque quizás era Dios el que estaba detrás de esto, fue a buscar a Elisa tras bambalinas, como ella se lo había pedido.

El lugar tras bambalina parecía un circo. Gente por aquí y por allá tratando de servir, completar o terminar su trabajo. Preguntó por Elisa y le indicaron dónde la podría encontrar.

Cuando por fin la halló, le extendió la mano y se presentó como pastor. Ella le hizo dos o tres preguntas personales, pero él trató de dirigir la conversación al ámbito espiritual. Ese día la invitó a la iglesia. Ella accedió a ir. La sensación de Efraín era que Dios había estado detrás de aquel encuentro casual.

Elisa comenzó a asistir a la iglesia. Efraín y ella entablaron una amistad. Ella buscaba su consejo, y él siempre estaba dispuesto a dárselo. Empezaron a frecuentarse, siempre hablando de cosas espirituales. Ella siempre mostraba interés en él. Le decía que estaba interesada en su ministerio. Su llamado lo obligaba a querer suplir la necesidad espiritual de ella.

Durante todo ese tiempo continuaba con permiso de ausentarse de la oficina de la iglesia, aunque debía cumplir con sus compromisos de predicador.

Tenía que participar en una conferencia en Hawai y estaba preparándose para el viaje. Antes de salir llamó a Elisa y le dio el número de teléfono del hotel en el que se hospedaría, diciéndole que cualquier cosa que necesitara, ahí iba a estar, que no dudara en llamar.

Efraín tomo el avión y se despidió por unos días de Las Vegas para viajar a Hawai y cumplir con sus compromisos de predicador.

Llegó a Hawai y se acomodó en el hotel. Trató de concentrarse en el trabajo que había ido a hacer. No habían pasado más de dos días cuando sonó el teléfono de su cuarto. Contestó pensando que era de la recepción o alguien del hotel. «Si, ¿bueno?», dijo Efraín. «Estoy en el aeropuerto de Honolulu. Acabo de llegar. Ven a recogerme». Era la voz de Elisa del otro lado de la línea. Sorprendido, Efraín le preguntó: «¿Qué haces aquí?». «Me dijiste que te llamara si te necesitaba. Necesito que me recojas. Aquí te voy a esperar», fue la respuesta de Elisa. Colgó el teléfono sin saber a ciencia cierta qué pensar.

inconforme

Efraín se apresuró a ir por ella. No podía dejarla ahí, esperando en el aeropuerto.

Cuando por fin se encontraron le preguntó: «¿Por qué viniste? ¿Dónde te vas a quedar? ¿Qué planes tienes?». «No sé. Me puedo quedar contigo en tu cuarto aunque sea en el sillón», le dijo ella. A Efraín no le pareció bien su respuesta. Aunque eran amigos en Las Vegas, no había razón aparente para que ella lo siguiera.

Llegaron al hotel y Efraín le pagó un cuarto para ella sola donde pudiera estar unos días. Al parecer a Elisa no le agradó la idea, pero no tuvo otro remedio que aceptar la habitación. «No me puede pasar esto con esta chica. Soy ministro. Soy un hombre de Dios. Tengo veinte años de casado», pensaba Efraín. Unos días después, Elisa regresó a Las Vegas mientras él seguía con sus compromisos en esa isla. No había pasado nada entre ellos.

Ya de vuelta en la cuidad, su amistad con Elisa continuó. «Quizás ella tuvo un lapsus brutus», pensaba Efraín, ya que no había ocurrido nada. Cuando hablaban, él siempre trataba de referirse a cosas espirituales. No le contó a nadie sobre el incidente. La amistad entre ellos creció aun más.

Unas semanas después, Efraín tenía que predicar en Puerto Rico. Voló desde Las Vegas y se acomodó en el hotel. Una vez instalado allí, sonó el teléfono. Nuevamente era la voz de Elisa que había venido tras él. Otra vez le pedía que la recogiera en el aeropuerto de San Juan.

Efraín fue por ella, pero en esta ocasión fue diferente. Apelando a su amistad salieron a cenar juntos y a conversar. Regresaron al hotel. Esa noche tristemente pasó lo que no tenía que haber pasado. La tentación le ganó la partida. Se quedaron en el mismo cuarto. En sus propias palabras y con mucha tristeza, puedes escuchar a Efraín decir el día de hoy: «Ese día caí. Cometí adulterio».

Ese fue solo el comienzo de su complicada relación. Se quedaron varios días juntos. Efraín todavía tenía más compromisos para predicar en Puerto Rico, así que Elisa se adelantó a regresar a Las Vegas, igual que la vez pasada. Efraín voló unos días después.

La culpabilidad se le subió a los hombros como una pesada mochila sobre su espalda. Una carga que tendría que arrastrar por mucho tiempo. En sus treinta y siete años como predicador, nunca había estado en una situación así. No se imaginaba que esa mala decisión lo iba a llevar muy lejos de donde había empezado y del lugar al que quería llegar.

Había crecido en la iglesia rodeado de personas activas en el ministerio, así que no sabia qué hacer. Nadie estaba al tanto de lo que había pasado en Puerto Rico. Nadie se lo imaginaba. Al no tener con quien abrirse, lo único que atinó a hacer cuando regresó a Las Vegas fue refugiarse en su cómplice de crimen, Elisa. Se siguieron viendo a escondidas por un tiempo, mientras la culpabilidad minaba y carcomía su alma.

Trató de esconderlo. *¡Qué nadie se entere!*, pensaba. Trataba de silenciar su conciencia, de acallarla, pero su conocimiento de la Biblia lo perseguía. Recordaba constantemente la historia del rey David cuando cometió adulterio. El rey no solo había pecado al hacerlo, sino que comenzó a pecar aun más al tratar de tapar su pecado con mentiras y un asesinato, hasta que Dios lo llamó a rendir cuentas. Sentía condenación y culpabilidad. Esos mismos versículos que tantas veces había usado para predicarles a otros, ahora lo perseguían.

Llegó un día en el que no pudo más. Sabía que tenía que terminar esa relación a cualquier costo. Se armó de valor para enfrentar sus consecuencias. «Lo nuestro no puede seguir», le dijo a Elisa en el departamento de ella. Ella lloraba y le rogaba que no la dejara. Pero la decisión de Efraín era irrevocable. Él y Elisa tenían que detenerse. Ella lloró y lloró. Él le pidió que no lo buscara más. Cualquier amistad que hubieran tenido terminaba ese día. Se subió al auto dejando atrás a Elisa, enojada y frustrada por sentirse abandonada. No la volvió a ver.

Ese mismo día decidió hablar con su esposa. Confesarle lo que había estado sucediendo. La esperó en la casa. Estaba nervioso cuando ella llegó. «Siéntate. Necesito hablar contigo», le dijo dirigiéndola hacia la sala. Ella se preocupó al notar la seriedad de sus palabras.

Con todo el valor que pudo juntar, Efraín le confesó a su esposa que había estado envuelto en una relación con Elisa, la chica argentina. Fue un momento muy triste, de muchas emociones encontradas para los dos. Ella lloró. «Perdóname. Sé que te traicioné. Me arrepiento de lo que hice», agregó él con lágrimas en los ojos.

La noticia le partió el corazón a su esposa. El dolor se apoderó de su alma. Ella había apoyado fielmente a Efraín durante los últimos veinte años. Nunca había sospechado que él sería capaz de hacer algo así. Su imagen de pastor y de ministro le habían traído paz en todo momento. Al escuchar la confesión de Efraín todo su mundo se vino abajo.

Hasta ese momento nadie sabía lo que había estado sucediendo, solo Efraín, Elisa y ahora ella. Su esposa, aún con el alma echa pedazos, mostró mucha gracia hacia él. Con lágrimas en sus ojos le dijo: «No eres el primero, ni tampoco serás el último. Intentemos recuperar lo que perdimos». Efraín sintió esperanza al pensar que quizás todo podría quedar atrás, como si nunca hubiera sucedido.

Las semanas siguientes fueron muy difíciles. La confianza perdida es muy difícil de recuperar, aun más cuando se trata de algo como esto, un adulterio.

«¡No puedo continuar! ¡Es muy difícil!», le anunció su esposa tres semanas después. «Te tenía en un pedestal. Para mí eras una persona extraordinaria. Confiaba en ti. Eras mi apoyo y mi refugio. Todo eso se derrumbó el día en que me confesaste lo que habías hecho. Me quiero separar de ti. Ya no quiero estar a tu lado. Ahora sé que me quiero divorciar». Efraín sabía que había hecho mal. Era consciente de que la había defraudado y debido a su conciencia sentía que debía aceptar cualquier tipo de consecuencias que viniera por su error. Se arrodilló frente a ella con lágrimas en los ojos y le suplicó: «Perdóname nuevamente. Estoy arrepentido. No sé qué más hacer o decir para remediar mi falla». Ella lo levantó con cariño. «No te arrodilles. No hay nada que puedas hacer ahora. Quizás tú puedas hacerme feliz a mí, pero sé que yo nunca te hare feliz a ti». A lo que añadió: «He medido las consecuencias y sé que a partir de esta decisión tú vas a perderlo todo».

Ambos eran un mar de lágrimas, sabiendo que su separación era inminente. Ella tomó el teléfono y llamó a Beltrán Rubio, el supervisor de Efraín, para que ese mismo día le confesara su pecado. Efraín así lo hizo. La mesa directiva de la Iglesia de Dios, a la que pertenecía, lo mandó llamar. Cuando llegó todos los demás miembros sabían que había cometido «pecado capital». También ellos se sentían traicionados. La sentencia contra él ya había sido dictada: «Tu ministerio no puede seguir. Estás fuera de él en la Iglesia de Dios». Después de haber servido fielmente con ellos por más de treinta y siete años, su carrera ministerial se había acabado. Fue un día muy triste, trágico, lamentable.

Tomó la poca ropa que cabía en su maleta y salió de su casa. Encendió el auto más viejito que tenían, partiendo con rumbo desconocido a petición de su todavía esposa. No tenía a dónde ir. No sabía a quién recurrir. Lo único que había hecho toda su vida era ser ministro, pero ahora eso estaba fuera de su alcance. Por tres semanas se lo pasó deambulando, durmiendo en su auto en las calles de Las Vegas, la ciudad en la que había fundado la primera iglesia hispana.

El hotel Mirrage acababa de abrir sus puertas y estaban contratando personal. Efraín fue a llenar un formulario de solicitud, buscando trabajo de lo que fuera. Le pidieron que completara una hoja con su trayectoria laboral. Lo único que pudo poner fue «Ministro del evangelio», pues era lo único que había hecho en toda su vida. Pensó que no le darían trabajo.

Para su sorpresa lo mandaron a llamar. «¿Es cierto que has sido ministro toda tu vida?», le preguntó el encargado de recursos humanos. «Así es», contesto Efraín. «Muy bien. Necesitamos personas honestas y de valores que trabajen con nosotros. Estás contratado». A Efraín le resultó irónico el comentario, pues se sentía el peor de los hipócritas por lo que había hecho.

Le dieron un trabajo en los lugares de apuestas de alto nivel, que estaban lleno de millonarios, él debía servirlos en lo que ellos necesitaran. Comenzó a ganar dinero. Llegaba a reunir hasta mil dólares por día de propinas con esa gente que apostaba grandes cantidades de dinero.

Económicamente comenzó a salir adelante. La iglesia ahora era un terreno ajeno, extraño. Por ningún motivo ponía su pie ahí.

Se sentía juzgado y condenado. Ninguno de sus amigos en el ministerio o de aquel grupo cercano de la mesa directiva de la Iglesia de Dios lo volvió a llamar.

Comenzó a salir con amigos del trabajo y a hacer lo mismo que ellos. Ese era su único círculo de amigos ahora. Nunca antes había tomado, pero comenzó a tomar. A fiesta que lo invitaban, fiesta que iba. Aun así siempre terminaba hablando de cosas espirituales. «¿Por qué siempre hablas de la Biblia?», le preguntaban sus amigos. «Es lo único que sé», les contestaba.

Efraín se dedicó a seguir con su rutina diaria trabajando en el hotel, tratando de no pensar en el pasado, en lo que había dejado atrás y no podía recuperar. De ese exitoso ministro y predicador que había tenido la oportunidad de viajar por más de dieciocho países solo quedaba el recuerdo. Ahora era uno de los miles de trabajadores que rendían su tiempo y su servicio a los cientos de hoteles de la ciudad. Los años comenzaron a pasar.

Trabajando en el hotel Mirrage conoció a una mujer joven, divorciada, con tres hijas, que era su compañera de trabajo. Su nombre era Darlene.

Darlene tenía necesidad de Dios y cuando hablaba con Efraín encontraba consuelo en sus palabras. «¿A qué iglesia asistes?», le preguntó a Efraín. «A ninguna, pero tampoco me interesa hacerlo», le contestó él. «¿Cómo puede ser si toda la vida fuiste ministro?», inquirió ella. Efraín no sabía qué decir.

Hacía dos años que Darlene asistía a Central. Dios estaba trabajando en su vida y en la de su hija más chica, Kim.

Después de un tiempo, Efraín y Darlene pasaron a ser algo más que amigos y decidieron casarse.

Al principio Darlene le insistía en que fuera con ella a Central, pero Efraín no quería. Él había regresado una o dos veces a alguna iglesia, pero no se había sentido bien.

El problema de Efraín era que había quedado cautivo de sus propias palabras. Cuando entraba en aquellas iglesias buscaba eso que tantas veces él había predicado. Esa doctrina de condenación que le había servido muchas veces en sus sermones. Hasta cierto punto resultó víctima de sus propias predicaciones.

Si David pecó al cometer adulterio y como consecuencia su reino fue dividido; si Moisés pecó al matar al egipcio y lo perdió todo, ¿quién soy yo para que no me pase lo mismo?, pensaba Efraín. Todos esos versículos que sabía de memoria sobre la paga del pecado lo seguían a dónde quiera que fuera. Al entrar a esas iglesias llegaba buscando el «garrote de Dios» por lo que había hecho. Cuando iba a alguna iglesia esperaba que lo recibieran con palabras duras, así como él había recibido a la gente muchas veces en sus prédicas.

Darlene se cansó de invitarlo a la iglesia. Efraín sabía mucho de la Biblia, pero aun así siempre se rehusaba. No quería tener nada que ver con la iglesia. Un día le dijo: «Ya no te voy a invitar. Voy a orar para que Dios trabaje en ti. Cuando estés listo me podrás acompañar a la iglesia». Eso le cayó como un balde de agua fría. Aún guardaba ese orgullo de predicador adentro. Que alguien como Darlene, que era literalmente nueva en el evangelio, le dijera una cosa así, era como una cachetada con guante blanco para él. Aun así no consintió en ir.

Cuando Kim, la hija menor de Darlene, cumplió doce años, comenzó a buscar a Dios. Empezó a participar de Central en todas las actividades posibles. Darlene aprovechó la situación para retar a Efraín: «¿Qué ejemplo le estás dando? Tú hablas de Dios y de la Biblia todos los días, pero no vas a la iglesia. Ella está buscando a Dios». Eso tocó el corazón de Efraín. Darlene tenía razón.

Efraín aceptó ir a Central con ellas el domingo. «Si vas a ir con nosotras, te pido que no pongas atención a las personas. Solo escucha el mensaje», le pidió Darlene.

El domingo siguiente Efraín se puso su mejor traje, como era su costumbre para ir a la iglesia. En el trayecto, de reojo miró a Kim, sentada en el asiento de atrás del auto con el cinturón de seguridad puesto. Tenía cara de felicidad. Efraín era el único papá que ella conocía, así que para la jovencita significaba mucho que él hubiera aceptado acompañarlas a la iglesia.

Cuando llegó a Central le pareció cualquier cosa menos una iglesia. «¿Qué clase de iglesia es esta?», le preguntó a Darlene, dudando de que realmente fuera una iglesia cristiana. Era época de calor, así que había personas en shorts y sandalias entrando

inconforme

en Central. Eso le pareció una total falta de respeto. No quería estar ahí, pero su compromiso con Kim y Darlene no le permitían marcharse.

Jud Wilhite predicó ese día. «¿Qué tipo de pastor es este con los pelos parados?», le lanzó a su esposa al salir. «¿Qué clase de iglesia?». «Te dije que no te fijaras en las personas. Voy a seguir orando por ti para que Dios trate contigo», le contestó Darlene. Una vez más eso le tocó el orgullo y le llegó al corazón.

Una semana después estaba de regreso en Central. Habían llegado un poco antes de que la reunión comenzara. Darlene y Kim fueron a comprar un café. Efraín tenía sus dudas acerca de la iglesia. Por la ventana de la cafetería vio a algunas personas fumando fuera del edificio. Eso lo escandalizó. «¿Qué clase de cristianos son estos?», pensaba.

Entraron a la reunión. Después de la música, los anuncios y la ofrenda, nuevamente le tocó predicar a Jud. Por su exitosa carrera como predicador, Efraín era difícil de impresionar. Aun así, trataba de poner atención.

«Dios es un Dios de segundas oportunidades», dijo Jud casi al finalizar la prédica. «No dudo de que aquí puede haber cien o mil personas que por una caída que sufrieron piensan que para ellos el cielo no existe». Efraín sintió que le hablan directamente a él. Era exactamente como se había sentido en estos últimos veinte años alejado de Dios y de la iglesia.

Jud continuó, «Acuérdate de lo que dice Romanos 6.23». Efraín se sabía de memoria esa cita, pues era la que él utilizaba en sus prédicas. «Porque la paga del pecado es muerte». ¡Cuántas veces había predicado esto! «Mientras que la dádiva de Dios es vida eterna en Cristo Jesús, nuestro Señor», señaló Jud, y luego agregó: «Dios no está para aplicarte un castigo. Tú ya has sufrido bastante. Lo que necesitas es un alivio y lo vas a encontrar en los brazos abiertos de Jesús. Acéptalo. Deja que él entre en tu corazón». Las palabras de Jud acertaron directamente en el blanco. Efraín se había concentrado tanto en la primera parte de este versículo, en la parte de la paga, que ni siquiera había considerado la parte de la gracia, lo que Dios había hecho en la cruz a través de Jesús. Dios le estaba hablando. Así como estaba, con su pecado, con lo que había hecho, Dios le ofrecía una segunda oportunidad.

Ahí, en su lugar, cayó de rodillas frente a su butaca, llorando. ¡Tanto tiempo perdido! ¡Tanto tiempo de cargar esta culpa sin saber que Dios lo estaba persiguiendo no para castigarlo, sino para abrazarlo y amarlo!

Darlene se arrodilló junto a él. «Señor, perdóname. Sé que te fallé, pero sé que puedo encontrar perdón y gracia en tu sacrificio. Úsame como instrumento en tus manos como lo hiciste antes. Si mi pecado ha sido grande, ahora entiendo que tu gracia es aun más grande».

Al terminar la reunión sintió un renuevo en su corazón. Jud había sido tan atinado, que hasta en algún momento Efraín llegó a pensar que Darlene le había hablado al pastor de él, pero no había posibilidad de que fuera así.

Dios había renovado el corazón de Efraín. Había usado el lugar menos esperado y a un pastor que se salía totalmente de su paradigma de lo que debería ser un pastor.

A pesar de lo que Dios estaba haciendo en su corazón, tenía sus dudas acerca de Central. «Aquí hay gente que sigue viniendo y sus vidas permanecen igual», se decía a sí mismo. «¿Cómo puedo aceptar esto? Dios, siento que no estoy en el lugar en el que debo estar», oraba Efraín. «Háblame. Muéstrame algo». Tomó su Biblia y la abrió. Las páginas se dividieron en Marcos y su atención se dirigió a estas líneas: «Cuando Jesús desembarcó y vio tanta gente, tuvo compasión de ellos, porque eran como ovejas sin pastor» (Marcos 6.34). ¡Esa era la respuesta que esperaba! Jesús no los condenó, sino que, por el contrario, tuvo compasión de ellos. Los vio descarriados, en busca de dirección. Así precisamente se veían esas personas que fumaban afuera de Central. «Dios, si tú nos aceptas como somos, ¿quién soy yo para no hacerlo?», oró ese día.

Efraín sabía que era Dios el que le estaba hablando. Romanos 5.8 tomó un sentido totalmente diferente. «Pero Dios demuestra su amor por nosotros en esto: en que cuando todavía éramos pecadores, Cristo murió por nosotros».

A Efraín lo conocí en Central cuando llegué a abrir la obra en español. Él estaba listo para ayudar en lo que fuera posible y así lo ha hecho. Su vida es una bendición y creo que su historia podrá ayudar a muchos.

inconforme

Finalmente pudo hacer las paces con Dios. Desde ese día en Central, dejó de huir de él. Supo que Dios le estaba ofreciendo una segunda oportunidad. Tomó conciencia de que a pesar de que había fallado, el amor de Dios era más grande que sus errores.

Y después de veinte años de estar lejos de Dios, después de veinte años de huir de él, ese día por fin ese niño predicador regresó a casa.

Gracia radical

Ciudad de Digne, Francia, 1815. Jan Veljean había sido puesto en libertad de la cárcel después de diecinueve años de encierro. Cinco de ellos, por robarse un pan para darle de comer a su hermana e hijos, y los otros catorce por varios intentos de escaparse de prisión. Salió de la penitenciaría, pero nadie le quería dar trabajo debido a su estatus de ex presidiario.

Unos días después, Jan Veljean estaba a punto de ser confrontado ante el obispo Myriel. Unos policías locales lo habían encontrado cargando un saco con unos cubiertos de plata. Por su harapienta vestimenta y su aspecto de vagabundo, dedujeron que los había robado de la iglesia del pueblo, a dónde lo llevaban de regreso. Jan Veljean le había dicho a la policía que el obispo se los había dado. Una mentira. La verdad era que Jan Veljean había abusado de la confianza del obispo Myriel, que lo había alojado unos días, robándose los cubiertos de plata. Nunca imaginó que lo que iba a suceder ese día cambiaría su vida para siempre. Cuando los policías le preguntaron al obispo Myriel si le había dado los cubiertos a Jan Veljean, él no solo dijo que sí, sino que le entregó dos candeleros de plata más, señalando que los había olvidado. De esa manera el obispo Myriel engañó a la policía y, de ese modo, dejaron de molestar a Jan Veljean y lo pusieron en libertad.

Cuando la policía se fue, Jan Veljean no podía dar crédito a lo ocurrido. El obispo Myriel le dijo que Dios le había salvado la vida, regalándole en verdad los cubiertos que se había robado y los dos candeleros de plata, y le pidió que aprovechara esta oportunidad para hacerse un hombre de bien y que viviera para el Señor con la venta de ellos.

Eso cambió totalmente la visión que Jan Veljean tenía de la vida. ¿Por qué el obispo se había arriesgado por él? ¿Por qué le había dado los utensilios de plata cuando, en realidad, se los había robado? ¿Por qué? No había respuesta lógica. Ese tipo de bondad había sido desconocida para Jan Veljean hasta ese momento. Lo veía como una segunda oportunidad de parte de Dios. Ese día lloró y le pidió perdón a Dios. Quería que lo ayudara a cambiar y a convertirse en un hombre de bien. De ese momento en adelante Jan Veljean pasó su vida buscando hacer el bien a los demás, mostrando gracia a las personas. Adoptó a Colete, una niña que era hija de una mujer que se había dedicado a la prostitución por necesidad económica, y que había muerto de una enfermedad desconocida. Jan Veljean cuidó y crió a Colete hasta donde las fuerzas le dieron.

El inspector Javet, por el contrario, había seguido todas las leyes posibles. Conoció a Jan Veljean en la cárcel en la que trabajaba como guardia. Después se lo volvió a encontrar en la vida, ya cuando Jan Veljean se había convertido en un hombre diferente. El inspector Javet nunca pudo superar el cambio de Jan Valjean, que se había transformado en un hombre de bien. Él lo había conocido en la cárcel, y un hombre así simplemente no puede cambiar, razonaba el inspector Javet. Había que cumplir la ley, costara lo que costase, y sin misericordia.

Durante la vida de los dos, y por azares del destino, varias veces se volvieron a ver. El inspector Javet quería ejercer justicia y meter a Jan Veljean en la cárcel. En uno de esos encuentros casuales que la vida les presentó, Jan Veljean tuvo oportunidad de asesinar al inspector Javet. Si lo hacía, podría quedar libre de la ley, pues nadie más lo buscaría. El inspector Javet estaba obsesionado por que todo el peso de la ley cayera sobre Jan Veljean. Pero Jan Veljean, al tener en sus manos la oportunidad de matarlo, decidió hacer lo mismo que el obispo Myriel había hecho por él muchos años antes, le mostró gracia, perdonándole la vida.

Al igual que a Jan Veljean, la gracia afectó al inspector Javet, pero de una manera diferente. No pudo entender por qué Jan Veljean no lo había matado cuando se le presentó la oportunidad, porque probablemente se lo merecía. Era lo que la lógica le dictaba. Finalmente el inspector Javet, en medio de su frustración y de no entender la gracia que había recibido, se quitó la vida.

Es una historia fascinante que me ha hecho llorar varias veces.

A pesar de que Jan Veljean es un personaje ficticio de una novela escrita por Víctor Hugo, conocida como *Les Miserables* [Los miserables], nos da una lección de vida. La historia nos acerca a nuestra necesidad humana de perdón y redención. El favor no merecido que le mostró el obispo Myriel a Jan Veljean es real hoy en día y tiene un poder transformador. Solamente el que ha fallado y recibe ese tipo de favor puede transmitirlo a otros. De ahí en adelante es difícil negárselo a los demás cuando cometen errores.

El relato refleja de un modo cabal lo que Dios ha hecho por nosotros. A pesar de que hemos pecado, Dios aun así nos muestra su favor. Es como si cada uno de nosotros hubiéramos robado los utensilios de plata y cuando nos llevaran frente a Jesús, para confrontarnos con él, dijera que hasta los candeleros de plata eran nuestros. Esta acción la conocemos con la palabra «gracia».

La gracia puede ser algo complicada. De hecho es un poco difícil de describir. Desde los inicios de la primera iglesia hasta el día de hoy han existido confrontaciones con respecto a la gracia. La iglesia ha tenido una difícil relación con ella. Sin embargo, la iglesia cumple con su máximo propósito cuando el mensaje de la gracia se vuelve más evidente y cuando se practica la gracia.

Es por eso que la gracia se explica mejor dentro del contexto de una historia que de manera doctrinal. Esta lucha nos recuerda que la gracia es más grande que simplemente la compasión y el perdón.

Es difícil de explicar. Sin embargo, cuando la experimentas o la puedes ver de primera mano, te cambia. Cuando estás del lado que la recibe, la gracia es refrescante. Cuando te encuentras del otro lado, del lado al que se le requiere gracia, entonces cuesta trabajo. Pero, al parecer, resuelve cualquier situación cuando se la aplica.

Hace algunos años tuve la oportunidad de escuchar una entrevista que Bill Hybels, pastor de la Iglesia Willow Creek en Chicago, le hacía a Bono, el vocalista de la banda U2. Durante la entrevista, Bono hablaba un poco de su conversión al cristianismo cuando estaba en la escuela preparatoria. Decía que él nunca había tenido problemas con Cristo, sino con los cristianos, que siempre le parecieron personas que juzgaban a los demás poniendo más énfasis en los pecados de afuera, de la superficie, como la inmoralidad sexual, pero que nunca abordaban temas como la avaricia corporativa. En medio de su respuesta comenzó a hablar de que, en aquel entonces, estaba convencido de que el universo se regía por la ley del «Karma», incluso las leyes físicas. «Lo que haces, se te regresa», señalaba él. «Y en medio de aquello, apareció la historia de la gracia, la historia de Cristo, que puso su visión del universo patas para arriba. Es completamente contraria a nuestra intuición», continuó diciendo. «Es extremadamente difícil para los seres humanos entender la gracia. Podemos entender la redención, la venganza, la justicia. Pero no entendemos la gracia muy bien». [1] Creo que es algo muy cierto. El simple concepto de la gracia va en contra de nuestra naturaleza. La gracia es difícil de comprender.

Nos puede suceder lo que le pasó al inspector Javet en la historia de *Les Miserables*, pues a veces es difícil entenderla y aceptarla. Aun dentro de nuestra conciencia pecadora resulta más fácil asimilar la gracia cuando se refiere a cosas que se encuentran dentro de los límites de lo que pensamos que está moderadamente mal. Cuando se la aplica a los pecados que, en nuestra lista, son un tanto «aceptables» o «entendibles». Una vez que se sale de esos limites, entonces tenemos problemas para aceptarla tanto con respecto a nosotros como en lo referido a los demás. Tal es el caso en la historia de Efraín.

La palabra «gracia» quiere decir «favor inmerecido» o «regalo no merecido». La mejor manera de describir la gracia es como si fuera un regalo. Imagínate que alguien llega y te da un regalo. Es Navidad. Como muestra de su aprecio hacia ti, viene con una caja enorme envuelta en papel de regalo con un inmenso moño arriba. La trae cargando. Esa persona muestra una gran sonrisa en su cara, pues sabe que el regalo te va a gustar. Te va a hacer feliz. Le costó dinero comprarlo y se tomó el tiempo para escoger un papel de tu color preferido. El regalo incluye una tarjeta con tu nombre para indicar que va dirigido a ti. Tú no pagaste

---

[1] Willow Creek hace una conferencia anual llamada «The Summit» donde entrevistan a diferentes líderes exitosos, cristianos y seculares. Han entrevistado a Bono en dos ocasiones. Esta fue la primera de ellas en 2006.

por el regalo. No te costó. No tuviste que hacer nada para que te lo compraran. Esa persona lo hizo de corazón, simplemente porque te ama. Se para frente a ti. Extiende sus manos y te dice: «Toma. Con mucho cariño. Es para ti».

El regalo es tuyo. Lo adquirieron pensando en ti. Lo único que tienes que hacer es extender tus manos y recibirlo. Nada más.

Eso es lo más parecido a la gracia. Es exactamente lo mismo que hizo Jesús en la cruz. Él ya pagó por tus pecados, extendió su gracia hacia ti. Ya no tienes ni tendrás que hacer nada para estar en paz con Dios, pues Jesús ya lo llevó a cabo. Lo único que debes hacer es recibirlo a través de la fe en tu corazón. Como dice Juan 1.12: «Mas a cuantos lo recibieron, a los que creen en su nombre, les dio el derecho de ser hijos de Dios». Esto es exactamente la gracia de Dios: un regalo que no merecíamos.

Decir que alguien «merece gracia» es una contradicción, como señala Andy Stanley en su libro *La gracia de Dios*. [2] Que alguien merezca la gracia, es como que alguien planee su propia «fiesta sorpresa», dice Stanley. El simple hecho de estar organizando tu *fiesta sorpresa,* hace imposible que sea *sorpresa.* De la misma manera, el que alguien diga que *merece* la gracia, hace imposible que sea *gracia.* Puedes pedirla, pero en el minuto en que piensas que te la mereces, deja de ser gracia, se convierte en algo que te has ganado. Si te lo ganaste, entonces te lo mereces.

Pero la gracia no se puede ganar.

Cuando vas al trabajo y te pagan, el dinero que recibes es equivalente a las horas trabajadas. Te lo ganaste. Es tuyo por mérito propio. El dinero que obtienes equivale exactamente a tu tiempo y esfuerzo. Pero con la gracia no hay equivalente. La gracia nace en medio de esta inequidad sin esperanza. La gracia nos ofrece exactamente lo opuesto a lo que nos merecemos. No se puede reconocer o recibir a menos que seamos conscientes de que, precisamente, no somos merecedores de ella. Es este reconocimiento de que no la merecemos lo que nos hace capaces de recibirla. No hay otra manera de obtenerla. No

---

[2] Andy Stanley, *La gracia de Dios*, en el prólogo llamado «La historia de la gracia». Publicado por Thomas Nelson, 2012.

la merecemos. No la ganamos. No hay mérito alguno que nos avale para poseerla. Esa es la razón por la que la gracia solo puede ser experimentada por aquellos que reconocen que no son dignos de ella.

La gracia se extiende sobre cualquier pecado, aun los más atroces. Cuanto más grande la falta, más grande es la gracia para perdonarla.

La gracia tiene muchos lados, como un prisma, y cuando hablas de ella, se tocan puntos muy sensibles. Si solo nos enfocamos en uno de los lados, perdemos la dimensión de lo que es.

A simple vista, y para cualquiera que quiera examinarla, la gracia es injusta. De hecho parecería que va en contra de la justicia y de la ley. ¿Cómo va a existir gracia para alguien que ha cometido una injusticia tan grande? ¿Y qué acerca de la obediencia? ¿Qué sucede con la desobediencia? ¿Qué decir de los malos hábitos en los que nos embarcamos? ¿Qué ocurre con la justicia? ¿Dónde queda el arrepentimiento?

Estas preguntas surgen cuando tratamos de entenderla. Podemos hablar de los beneficios de obedecer y de las consecuencias del pecado, que son reales. Escucho historias de las personas que llegan a Central a pedirme consejo y enfrentan muchísimos problemas. Cuando me siento con ellas y las oigo, me doy cuenta de que quisieran que esa hora que hablamos fuera mágica y que yo pudiera hacer una oración que cambiara su vida y sus circunstancias, para que salieran de ahí como si hubieran hecho «un borrón y cuenta nueva». Pero la verdad es que muchos de ellos, si no la mayoría, vienen cargando con las consecuencias de haber desobedecido los principios bíblicos. La única manera en que su vida podría arreglarse sería que comenzaran a poner esos principios en práctica, lo que muchas veces tampoco sucede al instante. Lleva tiempo comenzar a obedecer lo que la Biblia dice. Lleva aun más tiempo disfrutar de los beneficios que produce obedecerla.

Pero en realidad, y por irónico que parezca, la obediencia o la desobediencia son temas irrelevantes cuando hablamos de la gracia. No hay una conexión entre ellas. Esta quizás es la razón por la que es muy difícil tratar de hablar de la gracia. Hay algo dentro de nosotros que no está de acuerdo con ella. Hay algo dentro de nosotros que dice: «¡No puede ser!». Por más que deseemos justificar la gracia, no se puede.

Escogí la historia de Efraín en el capitulo anterior porque creo que es un reflejo de lo que muchas veces nosotros mismos pensamos acerca de la gracia de Dios. Ya de por sí, la idea de la gracia escapa de nuestra intuición y naturaleza; y es aun más difícil explicarla y encontrarle una aplicación práctica. Tenemos la tendencia a mezclar la gracia con ciertas obras al pensar en obtenerla y mantenernos bajo ella, lo que es imposible.

Cada vez que Cristo es predicado, se habla de su gracia. Cada vez que alguien recibe a Cristo, incluyéndonos a nosotros, la gracia se pone en práctica. Eso es lo que hacía Efraín desde chico al acercar a la gente a la cruz. A pesar de que en el discurso de nuestra predicación hablemos de ella, en la práctica es difícil aceptar la gracia para nosotros mismos cuando hemos pasado el límite de «pecado» que creemos que Dios puede perdonar. Es lo que le sucedió a Efraín. Él nunca dejó de ser pecador, pero el día en que pecó más allá de lo que pensaba que la gracia de Dios podría perdonar, huyó de Dios y se alejó de él.

Me doy cuenta de ello porque a mí mismo me ha sucedido. Mis años antes de Cristo fueron raros en este sentido, aunque siempre asistí a la iglesia. Ahora sé que tenía la idea de la gracia mezclada con la idea de «ganarme el favor de Dios». Todo dentro de la misma «bolsa», por decirlo de alguna manera. Por un lado la cruz y por el otro hacer cosas para ganar el favor de Dios, cuando en realidad las dos cosas no pueden ir juntas. La gracia no puede existir cuando uno trata de justificarse por obras. Volvemos a lo mismo. La gracia no se puede ganar. Sin embargo, la tensión que existe entre entender la gracia y la obediencia es la que ha hecho que a través de los siglos la iglesia y los cristianos hayamos querido sumarle o quitarle peso. Es como si después de haber tomado el regalo en nuestras manos, después de haberlo abierto y probado, nos dijeran: «Ah, perdón, me olvidé de decirte que tienes que pagarlo en doce cuotas, sin intereses». Entonces no es un regalo. Se parece más a una venta engañosa.

Esta manera de ver el perdón y la gracia de Dios como si solo pudieran limpiar hasta cierto punto nuestros pecados no solo la aplicamos a nosotros mismos, con los que, al final de cuentas, somos más misericordiosos. Como escribió C. S. Lewis: «Todos estamos de acuerdo en que la idea del perdón es algo hermoso hasta que nos toca practicarlo». [3]

¿Cómo enfrentamos eso en la práctica? ¿Qué hacemos cuando alguien de «los nuestros» comete «pecado capital» y está arrepentido? ¿Se ha agotado la gracia para esa persona? Creo que no hay una respuesta fácil debido a que las consecuencias de los pecados son diversas. Pero sin lugar a dudas la gracia no se agota para nadie. Efraín pagó las consecuencias de su pecado y huyó de Dios sin que Dios realmente lo estuviera buscando para condenarlo.

Quizás el versículo más conocido de la Biblia sea Juan 3.16. Pero quisiera sugerir que hagamos el 3.17 igualmente conocido.

Dios no envió a su Hijo al mundo para condenar al mundo, sino para salvarlo por medio de él.

Lo que sí sé, por sobre todas las cosas, es que la gracia debe sobrepasar nuestras decisiones. Debemos tratar a aquellos que han errado el camino como nos gustaría que nos trataran a nosotros si falláramos. Nada más ni nada menos.

Hace un tiempo subí un vídeo a mi muro de Facebook. El vídeo se llama *Juzgados* y fue producido por Central hace algunos años. Conozco personalmente a muchos de los que aparecen en el vídeo porque trabajo con ellos en la iglesia. Uno es pastor, otro trabaja como voluntario en la producción, y aun otro es el jefe creativo de la iglesia.

Estas son historias reales sobre sus conflictos personales y sobre cómo la iglesia no supo lidiar con ellos. La gracia de Dios no estaba presente cuando llegaron a la congregación una chica striper, un divorciado, un hombre que luchaba con problemas de homosexualidad, un niño que había robado algo de la iglesia, y los mandaron al infierno por muchos años a raíz de ello. Todos tenían necesidad de Dios. Todos estaban en la búsqueda de Dios. Todos precisaban de su gracia. A mí personalmente me tocó mucho el vídeo. Pero nunca pensé que causaría tanta controversia.

---

[3] C. S. Lewis, *Mero Cristianismo*, libro 3, El comportamiento cristiano, El perdón, 1952.

Entre los primeros tres o cuatro comentarios después de haberlo publicado en mi muro, alguien posteó: «¡Tremendo! Jesús dijo "No te condeno. Vete y no peques más"». Ese simple comentario desató toda una polémica. Uno de los temas en torno a los que giró fue precisamente la historia de cuando llevan a la mujer adúltera a Jesús. Esta es, quizás, una de las historias más claras sobre la gracia de Dios que se hayan registrado en la Biblia.

Jesús estaba en el templo enseñando cuando los maestros de la ley y los fariseos, aquellos que se suponía que estaban más cerca de Dios por su religiosidad y conocimiento de las Escrituras, llegaron con una mujer. Para mala fortuna de ella, la habían encontrado en pleno acto sexual con un hombre que no era su marido. Aún me sorprende que la Biblia describa con precisión cómo encontraron a aquella mujer. También me pregunto por qué no trajeron al hombre con el que estaba manteniendo relaciones, y que no era su marido. Pero esa es una charla que quedará para otro día. A fin de avergonzarla, colocaron a esta mujer delante de Jesús para que se llevara a cabo un juicio en el que él oficiara como juez. La colocaron en medio de todos los presentes en el templo. Entonces le dijeron al Señor:

Maestro, a esta mujer se le ha sorprendido en el acto mismo de adulterio. En la ley Moisés nos ordenó apedrear a tales mujeres. ¿Tú qué dices? (Juan 8.4-5).

En realidad estaban probando a Jesús. Lo conocían. Sabían que uno de los apodos por los que se había hecho famoso era «amigo de pecadores». Ahora tenía que demostrar hasta qué punto era amigo de esta pecadora. Ellos eran conscientes de que no iba a traicionar su enseñanza. Se trataba de una trampa. Si Jesús decía que no la apedrearan, estaría rompiendo con la ley de Moisés y de esa manera podrían acusarlo.

Ellos insistían en preguntarle qué pensaba, pero al parecer, Jesús no les respondía. Se inclinó hacia suelo y comenzó a escribir. Nadie sabe lo que escribió Jesús. Algunos estudiosos de la Biblia sugieren que comenzó a hacer una lista de pecados. En realidad, nadie lo sabe.

Como seguían insistiendo, Jesús se incorporó, se puso de pie y les dijo:

inconforme

Aquel de ustedes que esté libre de pecado, que tire la prime-
ra piedra (Juan 8.7).

Jesús volvió a agacharse para seguir garabateando en el piso
luego de responderles. Nadie fue capaz de contestar. De hecho,
al escucharlo, lo único que atinaron a hacer fue alejarse. La Biblia dice que desde el más grande hasta el más chico se fueron
retirando, y quedaron solos Jesús y la mujer adúltera. Él se volvió
a poner de pie y le dijo:

—*Mujer, ¿dónde están? ¿Ya nadie te condena?*
—*Nadie, Señor.*
—*Tampoco yo te condeno. Ahora vete, y no vuelvas a pecar.*
(Juan 8.10-11)

¡Qué respuesta la de Jesús! Traducido a nuestros días sería:
«Ustedes son pecadores, pero yo no los condeno. No les voy a
dar lo que se merecen. De hecho les voy a dar exactamente lo
que no se merecen. Les voy a dar gracia». Él no trató de justificar a la mujer adúltera. No trató de esconder el pecado de ella.
Simplemente le brindó una dosis increíble de gracia en medio de
su realidad.

Jesús no la condenó. Derramó gracia de parte de Dios sobre
aquella mujer. Es la misma actitud que tiene Jesús con nosotros
el día de hoy.

Esto debería traerle esperanza a cualquiera. La historia de
amor que Dios trazó al entregar a su Hijo Jesús por nosotros no
se puede contar separada de la gracia. Dios extendió su gracia
inmerecida cuando Cristo pagó de una vez y para siempre por
nuestros pecados. Como dice 1 Pedro 3.18: «Porque Cristo murió por los pecados una vez por todas, el justo por los injustos».
Nuestros pecados fueron borrados. Los pasados, los presentes
y los futuros. Es la gracia de Dios en acción.

Esto trae una esperanza increíble a mi propia vida, porque
mirando en retrospectiva creo que mi caminar con Dios ha sido
igual. Aun el día de hoy sigo siendo un pecador con una necesidad inmensa de la gracia de Dios. Sé lo que es fallar. Conozco
lo que es pecar. He experimentado lo que es tomar decisiones
equivocadas. Tengo en claro lo que es luchar una y otra vez con
eso que «sabes que ya no debes hacer, pero sigues haciendo».

¡Yo soy la mujer adúltera de la historia! Al igual que ella, había escuchado acerca de Jesús y tenía miedo, porque los que me querían llevar a él me conducían con la intención de que Jesús me juzgara como ellos lo habían hecho. ¡Qué sorpresa me llevé cuando lo conocí! (Y ellos también.) «Tampoco yo te condeno. Ahora vete, y no vuelvas a pecar». ¡Vaya! A este Jesús no lo conocía. Me dijo: «Al que a mí viene, no lo rechazo». ¡Qué increíble que me aceptara como soy! Ese sí era un regalo que no merecía. ¡Algunos de los que hablaban en su nombre ni siquiera se parecían a él! Gracia para un pecador. Gracia para mí. Una vez más, gracia inmerecida.

Después de ese encuentro con Jesús, cambié. Tuve el deseo de ser diferente. Quise saber más de él y de lo que opinaba de las distintas áreas de la vida. Lo seguí y en realidad amé lo que él era y su esencia.

A pesar de ello, de los cambios significativos y de todo un proceso de querer aprender de Jesús, no puedo decir otra cosa sino que sigo siendo la mujer adúltera de la historia. Una mujer adúltera que ahora ama y sigue a Jesús. Quizás menos adúltera en algunas áreas. Quizás con una conciencia más clara de sus acciones. Quizás una mujer adúltera que cuando se equivoca trata de pedir perdón y decir: «Sé que hice mal. Perdóname». Una mujer adúltera con una necesidad de su gracia todos los días. Con una nueva naturaleza, pero al final del día, por alguna razón, adúltera. Sé que el día en que lo vea cara a cara, entonces sí el proceso en mi vida habrá terminado. No sé que hubiera sido de mí sin Jesús. No sé que hubiera sido de mí sin su gracia.

Dentro de esta historia no me quiero identificar con los fariseos. Creo que no conozco a nadie que se quiera identificar abiertamente con ellos. Mucha letra, poco espíritu. Tampoco puedo identificarme con la pureza de Jesús.

Volviendo al vídeo *Juzgados* que publiqué en Facebook, para ser sincero, la intención de muchos de los que comentaron era imponer su punto de vista y una vez más señalar con el dedo a aquellos que escribían abriendo su corazón, como lo hicieron los fariseos cuando trajeron delante de Jesús a esta mujer. Considero que es una postura que la iglesia muchas veces ha tomado. Si bien el día de hoy no apedreamos de una manera física a las personas, sí tenemos la tendencia a rechazarlos y condenarlos hasta el punto en que se alejan de la iglesia y de Dios. Muchas veces hemos restringido la gracia para ellos. Creo que si lo hemos hecho, ha sido de manera inconsciente.

El apodo que le pusieron a Jesús, «amigo de pecadores», no fue porque sí. Jesús extendía su gracia a los que en su tiempo no eran religiosos. A los que se sabían pecadores. A los que reconocían que, en medio de su mundo, lejos de Dios, lo necesitaban.

Tenemos que considerar que nuestra travesía con Dios es un caminar. Algunos llevan veinte años en este camino, algunos recién están empezando. Hay a quienes les lleva muchos años tomar la decisión de entrar en este camino. Otros, lamentablemente, nunca lo hacen. Yo no sé de drogas ni de adicciones, así que no conozco lo que es querer dejarlas y no poder. Lo mismo con el alcohol. No sé lo que es tener un padre alcohólico o vivir con una persona alcoholizada. No experimenté lo que es el divorcio ni los estragos que acarrea, tanto a la pareja como a los niños. Por eso tengo mucha compasión por aquellos que llegan envueltos en sus problemas, buscando a Dios. Solo Dios sabe el infierno que ellos han vivido a causa de sus decisiones o de las de aquellos cercanos. Acercarse a la iglesia tiene que ser un alivio para su alma, y no un banquillo de acusados en el que comparecer. Tienen que encontrar gracia.

Y es esta urgencia de cambio de vida la que nos traiciona. Es el estar acostumbrados a escuchar los «testimonios de poder». Es esa transformación milagrosa que sucede en algunos de un día para otro la que nos hace pensar que si no es de esa manera, entonces la gracia no ha hecho efecto. ¿Cuánto tarda alguien en cambiar? ¿Cuánto tiempo tiene que ir a la iglesia una persona antes de que Dios la toque? Yo no sé. Lo único que tengo en claro es que si la gente se expone a la Palabra, Dios comenzará a transformarla. Y llevará el tiempo que se necesite.

Tengo que confiar en que en medio de la vida enredada en que se halla la gente que pasa por las puertas de Central, la gracia de Dios cambiará sus vidas. De hecho, soy consciente de que, como pastor, no tengo la capacidad de modificar a nadie. Mi única responsabilidad es enseñarle a la gente lo que dice la

Biblia. Proveerles una guía para la vida a través de las Escrituras. Pero el cambio verdadero viene cuando se encuentran con Jesús y su gracia.

Aprendí de primera mano de Jud Wilhite una lección sobre la gracia. Central es hasta el día de hoy la sexta iglesia más grande de Estados Unidos y sigue creciendo. Todo tipo de gente cruza sus puertas cada vez que hay reunión. En el estacionamiento hay personas que ayudan con el tránsito. La primera o segunda vez que llegamos a Central vimos a uno de los que estaban colaborando con chaleco amarillo y gafete con un cigarrillo en la boca, fumando. Me llamó la atención. Pensé que quizás esa persona no fuera parte de la iglesia. Que tal vez contrataran a un grupo de personas para hacer ese trabajo. Como no eran de la iglesia, no había problema, me dije. Ese día fui a comer con Jud y le pregunté: «¿Los que organizan el tránsito son voluntarios o gente pagada?». «Son voluntarios», me contestó y agregó: «¿Por qué lo preguntas?». «Es que vi a uno de ellos fumando y me resultó raro», le dije. «Quizás sí. Pero no vamos a esperar a que dejen de fumar para que Dios empiece a tratar con ellos», me contestó. Esa respuesta me marcó. Es lo más parecido a ser «amigo de pecadores» que había escuchado.

Jud tenía razón. Es como esperar que la gente llegue ya cambiada para que recién entonces comience a ser cristiana. Que lleguen sin adicciones. Que lleguen con su matrimonio resuelto. Que lleguen casi sin problemas. Como bien he escuchado muchas veces, la iglesia no es un museo de santos, sino un hospital para pecadores.

La gracia de Dios tiene su ironía. Un hombre puede vender todo lo que tiene y dárselo a los pobres. Puede desgastar su vida haciendo el bien a los demás. Puede tratar de ganarse el cielo por mérito propio. Pero la gracia huye cuando alguien trata de obtenerla o comprarla.

Por otro lado, es posible que el hombre más malvado, el asesino más despiadado, el último día de su vida, en el último minuto, encuentre la gracia de Dios.

El 22 de julio de 1991, dos policías de Milwakee patrullaban las calles. A lo lejos vieron a un hombre que les hacía señales con la mano, llamándolos. Era Tracy Edwards, que se veía agitado y con una esposa en una de sus manos. Les dijo que estaba escapando del departamento de un hombre que apenas había conocido y que lo había querido esposar, amenazándolo con un cuchillo. Condujo a la policía hasta allí. Esos dos policías nunca se imaginaron lo que iban a encontrar. Cuando llegaron al departamento, el hombre los recibió amistosamente al principio. Cuando entraron a inspeccionar el lugar, encontraron partes de cuerpos humanos, cráneos, fotografías de personas mutiladas e imágenes por el estilo. Inmediatamente arrestaron a Jeffrey Dahmer, al que se le conoció después como «El carnicero de Milwaukee». Dahmer mató, mutiló, desmembró, violó y se comió a diecisiete personas. Cuando lo capturaron y enjuiciaron, fue sentenciado a quince cadenas perpetuas. Sinceramente, se me revolvió el estómago cuando leí su historia.

Max Lucado escribe sobre Jeffrey Dahmer en su libro *En las manos de la gracia*. [4] Lucado señala que hay algo que le molesta con respecto a Jeffrey Dahmer. Escribe lo siguiente:

«Mi diccionario contiene 204 sinónimos de la palabra *vil*, pero todos ellos se quedan cortos en cuanto a describir al hombre que guardaba cráneos en su refrigerador y acumulaba corazones humanos. Él redefinió los límites de la brutalidad. *El monstro de Milwaukee* se colgó del más bajo escalón de la conducta humana y se dejó caer. Pero eso no es lo que me molesta».

Lucado continúa diciendo que no fue su mirada fría ni las quince cadenas perpetuas que recibió como sentencia, que de todos modos no harían regresar a las personas que había asesinado. «¿Les puedo decir lo que me molesta?», pregunta Lucado. «Es su conversión».

«Unos meses antes de que otro preso lo matara, Jeffrey Dahmer se convirtió a Cristo. Dijo que se arrepentía. Que sentía mucho lo que había hecho. Estaba profundamente arrepentido. Dijo que había puesto su fe en Cristo. Se bautizó. Empezó una vida nueva. Comenzó a leer libros cristianos y a asistir a la capilla. Sus pecados fueron lavados. Su alma estaba limpia. Su pasado había sido perdonado. Eso me crea un conflicto. No debería ser así, pero lo es. ¿Gracia para un caníbal? La gracia de Dios

[4] Max Lucado, *En las manos de la gracia*, Thomas Nelson, 1999, p. 36.

se extiende hasta aquellos que están en el último peldaño de la escalera», escribe Lucado.

Esta es la ironía de la gracia. Si Dios puede mostrarle gracia a alguien como Jeffrey Dahmer, Dios puede ofrecerle gracia a cualquiera. La misma gracia que se necesita para un asesino como Dahmer es la que se requiere para cualquier persona.

Este tema es muy difícil. He sudado y orado mucho al escribir sobre él. Lo último que queremos es ser una iglesia en la que la gracia de Dios esté ausente.

En nuestra propia vida podemos llegar a ser como Jan Veljean o como el inspector Javet de *Les Miserables*. Cuando Jan Veljean se encontró con la gracia, la abrazó. ¡Gracia inmerecida! Dependió de ella todos los días, ofreciéndosela a todo el que pudiera. Por otro lado, cuando el inspector Javet se tropezó con ella, no la pudo aceptar. Ni para él, ni para Jan Veljean, ni para ningún otro.

capítulo 9

Un nuevo modelo

Mi esposa y yo éramos recién casados cuando nos mudamos a Houston, Texas, con dos pretensiones: ganar dinero y aprender inglés para poder ir a la escuela bíblica. Después de seis meses, no habíamos logrado ninguna de las dos. Ni hablábamos inglés ni teníamos dinero.

Lo primero que hicimos cuando nos mudamos fue comprarnos un carro. No conocíamos a muchas personas, así que un «amigo» nos dijo que él nos podía conseguir uno. Me llevó a ver un auto que él tenía. No era cualquier auto. Espero no causar envidia con esto que escribo y no dañar el corazón de nadie con avaricia. Era un carro de dos puertas, deportivo. ¡Imagínate! ¡Recién casado y con un carro deportivo! ¿Qué más le podía pedir a la vida?

El único detalle era que el lugar al que me llevó para verlo era un desarmadero de autos, de donde había salido el que me quería vender. Era color café «óxido», por no decir que no tenía pintura. Las llantas estaban tan lisas que si un mosquito las picaba se desinflaban. El aire acondicionado no trabajaba. Los limpiaparabrisas funcionaban solo cuando caía lluvia muy ligera, casi llovizna. Pero cuando caía agua de verdad, dejaban de funcionar. Recuerdo haberme tenido que orillar en la autopista para esperar a que pasara la lluvia varias veces, porque no veía nada. El asiento del conductor tenía un alambre que salía del tapizado y que me rompió varios pantalones. La manecilla de la gasolina siempre mentía. ¡Ah, pero eso sí! Nos costó la grandiosa suma de mil dólares. ¡Qué más podíamos pedir por ese dinero! Después supimos que el carro era tipo Frankeisntein, armado en el deshuesadero con partes de aquí y allá, y que había caído un rayo del cielo que logró que encendiera. ¡Lo revivieron!

Como era deportivo y de color café, y se parecía al auto de la película *Volver al futuro* (si no la conoces, eres demasiado joven;

y si la has visto, estás en la edad perfecta), nos daba la impresión de que parecía una cucaracha, así que así le pusimos: «la cucaracha».

«La cucaracha» nunca se rompió; nos fue muy fiel. Llegó a ser como de la familia. Nos llevó de aquí para allá durante casi cuatro años. Nos mudamos de Houston a Dallas y todo lo que teníamos con nosotros cabía en «la cucaracha», que fielmente nos trasladó.

Mi esposa y yo estudiábamos en la escuela bíblica. Como no habíamos podido terminar de pagar las clases durante el primer semestre, nos dieron tres días para cancelar la deuda o abandonar el lugar, porque vivíamos en uno de los departamentos de la escuela. Revisamos nuestros bolsillos. Debíamos cerca de novecientos dólares y teníamos solo noventa. Con ese dinero nos alcanzaba para tomar un trasporte de regreso a Monterrey, donde vivía mi hermana, y fue lo que hicimos esa misma noche. Ese día dejamos «la cucaracha», con todas nuestras pertenencias adentro, en uno de los estacionamientos de la escuela. Le dimos la llave a Rosa y a Sara, compañeras de clases, para que nos la cuidaran sin saber en realidad si íbamos a regresar o no. Milagrosamente, Dios nos suplió el dinero y pudimos volver, pagando la escuela dos semanas después. «La cucaracha» nos había esperado fielmente, cuidando los tres «valiosos» objetos que teníamos.

Cuando por fin terminamos la escuela bíblica tratamos de decidir qué hacer con nuestras vidas. Había grabado *Morir a mí*, el primer disco, con los pocos recursos con que contábamos. De hecho, la palabra «dinero» se había convertido en una mala palabra en casa, ya que el solo pensar en ello nos hacía doler la cabeza. No teníamos casi nada. Yo había tomado clases de producción y composición, así que me aventuré a grabarlo solo. Como no teníamos dinero, lo único que atiné fue a comprar dos micrófonos Shure y una grabadora digital. El armario del departamento era suficientemente grande como para que cupiera sentado adentro con una guitarra acústica y los micrófonos. Tomé los colchones en los que dormíamos y los metí para acondicionar el sonido del cuarto. Junto con mi amigo Heriberto Guajardo grabamos el disco en ese pequeño espacio. Todo ese tiempo, mi esposa y yo dormimos en el piso para no desacondicionar el estudio provisional que había montado. Los cables salían por debajo de la puerta del armario y llegaban hasta la consolita.

La guitarra con la que grabamos ni siquiera tenía marca. Se le había roto el brazo en el que va la maquinaria, así que un amigo le había metido unos remaches de zapato para sujetar las piezas rotas. Ahora que lo pienso, fue una locura. Escucho el disco y en verdad pienso que nadie creería que lo grabamos en esas condiciones.

De hecho, esa ha sido mi historia en el ministerio. Hacer lo mejor que puedo con lo que tengo a la mano. Creo que Dios siempre ha honrado esa actitud. Por eso me cuesta trabajo entender a las personas que esperan que se den todas las condiciones para servir a Dios o para aventurarse a obedecerle. La Biblia dice en Eclesiastés 11.4: «Quien vigila al viento, no siembra; quien contempla las nubes, no cosecha». La vida siempre presenta sus desafíos.

«La cucaracha» fue testigo de todo ese proceso. Con el álbum terminado en la mano, orábamos pidiendo claridad para saber cuál era el siguiente paso que Dios quería que diéramos. Dallas está muy lejos de la frontera con México. Queríamos regresar y estar cerca de nuestro país, porque nuestro corazón estaba en Latinoamérica.

Carlos Torres, que ahora es pastor en Port Neches, Texas, fue mi compañero de escuela. Trabajaba en una aerolínea y nos regaló dos boletos de avión al destino que eligiéramos. Decidimos ir a San Diego, frontera con México, pero aún dentro de los Estados Unidos. Podría buscar un trabajo secular para ganarnos la vida y, a la par, salir los fines de semana a ministrar con la música. Nos parecía un buen plan.

San Diego nos encantó. De hecho, hay muy pocas ciudades que conozca como esa. Estuvimos un par de días y volamos de regreso a Dallas.

Una vez allí, al poquito tiempo, sentimos que San Diego era el siguiente paso para nuestras vidas. El día en que decidimos mudarnos era sábado. Conducíamos por la ciudad de Dallas y «la cucaracha» comenzó a toser. Algo andaba mal. Recuerdo que íbamos pasando por un puente en una autopista. De la nada comenzó a hacerlo. Se movía con violencia como un potro salvaje que no quiere ser domado. Nunca había hecho algo así. De repente se apagó. Como pude y con el impulso logré bajar del puente. Me orillé. Olía a aceite quemado. Salía humo por todos lados. Intenté encenderla de nuevo, y nada. Llamamos a un amigo que nos ayudó a arrastrarla de regreso hasta la escuela donde aún vivíamos. El pronóstico no fue nada alentador: a pesar de los esfuerzos por revivirla, «la cucaracha» había muerto. Se le salió el tapón y perdió todo el aceite, lo que produjo la rotura de la biela. En cierta manera fue muy significativa su partida, ya que ocurrió el mismo día en que tomamos la decisión de mudarnos a vivir a San Diego. Ese día ella decidió no seguirnos a California y nos abandonó en Dallas. Era demasiado tejana para ir a California. «La cucaracha» descansó en paz. Estará presente en todos nuestros recuerdos de aquella etapa en Dallas. En el desarmadero nos dieron noventa dólares por ella.

De ahí en adelante hemos tenido diferentes autos, dependiendo de la etapa de nuestra vida que atravesáramos. Ahora, con mis hijas aún pequeñas, tenemos un auto en el que cabemos los cuatro. Nunca hemos tenido un carro cero kilómetro. Simplemente deseamos uno que resulte funcional para la familia y que no se descomponga.

En Estados Unidos no es un lujo tener un carro, sino una necesidad. Debido a la infraestructura del país y de las ciudades, es muy difícil andar a pie. En la ciudad de México uno puede llegar de un lugar a otro en metro o en trolebús. Hay muchas líneas y la ciudad está hecha de esa manera, como en muchos otros países. En la mayoría de las ciudades de los Estados Unidos no. El carro es una necesidad.

Las compañías automotrices hacen lo imposible por ganar clientela. Se enfocan en las diversas necesidades de los diferentes segmentos del mercado. Hay carros para familias numerosas y autos deportivos con dos asientos. Todo con el fin de suplir una necesidad en el mercado: la de tener auto.

En mi humilde opinión, la iglesia, aunque no es consciente de ello, es muy similar a las compañías que fabrican autos. Así como las empresas suplen las necesidades de la gente a través de diferentes modelos de automóviles, la iglesia también se ha ido diversificando en diferentes modelos para alcanzar a distintos segmentos.

El modelo de la iglesia atrae o repele de un modo natural a ciertas personas. Por ejemplo, si en Central tocáramos música de alabanza de «pasito duranguense», atraeríamos a un determinado tipo de gente a la que le gusta ese estilo de música, pero repeleríamos a aquellos a los que no les gusta. Si predicara con saco y corbata, atraería a cierto tipo de personas. Al no hacerlo, agradamos a otra clase de personas. Fuimos conscientes de ello desde que comenzamos.

Ahora que soy pastor de Central, veo que muchas personas pasan por mi congregación. Algunas vienen de visita o porque están buscando un lugar donde congregarse. Cuando llegan encuentran algo que quizás no esperaban. En realidad, somos una iglesia muy sencilla, sin demasiados programas. Queremos darles espacio a las personas para que vivan su vida cristiana fuera de la iglesia. Muchos de los que llegan y ven que la reunión no dura dos horas, sino una, y que no tenemos todos los programas habidos y por haber, creen que nos falta algo o que Dios no está ahí. Ninguna de las dos cosas. Simplemente estamos haciendo otro modelo de iglesia.

No les voy a mentir: todos esos cambios que hemos implementado me han costado a mí también. He tenido que abandonar la idea preconcebida que tenía en cuanto a cómo hacer iglesia y pensar en aquellos a los que queremos alcanzar.

Una familia visitó Central por unos meses. Ellos venían de una iglesia muy tradicional, y por alguna razón llegaron a donde nosotros estábamos buscando un lugar en el que congregarse. Después de un tiempo sintieron que no encajaban y buscaron otra congregación. Yo no tengo problemas con eso. Sé que Central no es una iglesia para todos, así como ninguna iglesia lo es. Sabemos a qué grupo específico de personas queremos llegar. Principalmente a aquellos que nunca han sido cristianos y que por sus prejuicios jamás irían a una congregación. A los que están lejos de Dios.

Tenía añadido como amigo a un miembro de esta familia en Facebook. Digo «tenía» porque me hizo una de las más grandes ofensas que alguien puede cometer hoy en día: me quitó de entre sus amigos de Facebook.

Antes de que lo hiciera, y cuando ya habían encontrado otra congregación, posteó esto en su muro:

«Gracias a Dios estamos en una iglesia que cumple con los requisitos de la Biblia. ¡Cómo extrañaba los himnos y la Escuela Dominical! ¡Cómo extrañaba las tres horas de reunión con mis hermanos! ¡Cómo extrañaba el saco y la corbata!».

Obviamente era una patadita a Central y a lo que hago, porque somos diferentes. Pero resultaba obvio que lo que extrañaban no era en realidad «la iglesia», sino un «modelo de iglesia». Una cosa es la iglesia y otra, muy diferente, el modelo por el que se opta al hacer iglesia.

Como había sido mi amigo y alguien de confianza, le pregunté directamente a esa persona sobre lo que había publicado. Él hizo como que no sabía de qué hablaba. Después de eso me borró de entre sus amigos de Facebook. Esas son algunas de las virtudes de Internet, tirar la piedra y esconder la mano.

Un día le pregunté a un amigo que estaba por comenzar su congregación qué modelo de iglesia iba a adoptar. Lo tomé por sorpresa con la pregunta, porque me respondió: «El modelo de Jesús, claro está». Pero en realidad no está claro. Muchas de las cosas que hacemos dentro de la iglesia cristiana el día de hoy tuvieron su inicio en los últimos quinientos años, por una necesidad y no porque existiera una instrucción bíblica acerca de ello. De hecho, la iglesia de los primeros siglos fue tan perseguida que no se pudo congregar hasta alrededor del año 400 A.D. cuando Constantino instituyó el cristianismo como la religión oficial de Roma. Antes de eso no tenían programas, no tenían Escuela Dominical, no tenían templos. El evangelio era muy simple. Hacían iglesia como podían.

Modelos en realidad hay muchos. Es como lo que comentaba de los «autos». Si uno dice «auto», eso no implica demasiado. Pero cuando dice «Corvette» o «Lamborghini», da una idea más clara de aquello a lo que se refiere. Incluso si ahora te dijera «la cucaracha», tendrías una imagen mental de cómo era por lo que describí anteriormente. De la misma manera, cuando hablamos de iglesia hay mil y un modelos de hacer iglesia.

Me doy cuenta de que existe un problema cuando la gente se enamora del modelo más que de la iglesia. El modelo no es la iglesia. La iglesia no es el edificio. La iglesia no es la reunión. La iglesia no son los programas. La iglesia no funciona el domingo o a cierta hora. La iglesia somos nosotros y actuamos como tal dentro del mundo, de lunes a domingo, en el trabajo, en la escuela, en la casa. En una charla, tomando un café. La iglesia se manifiesta cuando la gente puede ver a Jesús en nosotros. El modelo es simplemente la forma en que hacemos iglesia, la manera en que nos organizamos para cumplir con nuestro propósito.

Es como la historia del niño que observa a su mamá cocinar un pavo. El pequeño ve que su mama adoba el pavo con alguna especie de mezcla líquida con especias. Después ve que troza el ave en varias partes, las acomoda en el recipiente y lo mete en el horno. En su curiosidad inocente le pregunta: «¿Por qué partiste al pavo así?». La madre contesta: «Es para que se ponga más jugoso». Al instante el chico replica: «¿Pero cómo sucede eso?». A lo que la mamá no sabe qué contestar. Entonces le dice: «Ve y pregúntale a tu papá, ya que la receta viene de su familia». El niño va y le pregunta al papá lo mismo. Él le responde: «Es para que no quede tan jugoso». Una vez más el niño piensa un minuto y le dice: «Pero eso es lo contrario a lo que mamá me dijo». Entonces el padre le sugiere: «Mejor ve a preguntarle a tu abuela, mi mamá, ya que ella fue la que le enseñó la receta a tu mamá». El niño va a hablar con su abuela. Le cuenta que vio a su mamá cocinando y que le causó curiosidad cómo partió el pavo. «Ella me dijo que era para que quedara más jugoso, pero mi papá me dijo lo contrario. ¿Para qué es, entonces?», le pregunta. La abuelita suelta la carcajada y le responde: «¡No mi´jito!, ninguna de las dos. Lo que pasa es que cuando estábamos jóvenes, tu abuelo y yo éramos tan pobres que solo teníamos un molde muy chiquito para horno. Como el pavo no nos cabía completo... ¡lo tenía que partir para que cupiera!».

Lo mismo nos sucede a nosotros el día de hoy. Las cosas que originalmente fueron diseñadas dentro de la iglesia para suplir una necesidad específica dejan de ser eficaces cuando la necesidad ya no existe. Podemos incluso llegar a defender los programas o nuestra manera de hacer iglesia como si fuera uno de los Diez Mandamientos.

Recuerdo muy bien que precisamente cuando estaba estudiando en la escuela bíblica de Dallas, Texas, un maestro vino a darnos clases de misiones. Era un misionero y acababa de regresar de Indonesia. Nos contó que en ese país la religión oficial es la religión musulmana, así que se considera ilegal hablar de otra religión y no existen visas para misioneros. En pocas palabras, ser cristiano es ilegal y está penado judicialmente con condenas altísimas en la cárcel y hasta con la pena de muerte. Ellos habían entrado a ese país con visa de turistas.

En el tiempo que estuvieron allí, ese misionero y su esposa se hicieron amigos de un chico que se dedicaba a conseguir cosas en el mercado negro. Aunque su intención era que él conociera a Jesús, fueron sabios al abordarlo. Antes de poder hablar de su fe, tuvieron que ganarse la confianza del joven; su estadía y su libertad en Indonesia dependían de que cualquier persona los denunciara por compartir su fe cristiana.

Después de un tiempo, cuando ya había logrado la suficiente confianza y rogando a Dios que no tuviera que enfrentarse a la ley por lo que iba a hacer, este misionero se aventuró a preguntarle a aquel muchacho: «¿Conoces a Jesús?». El chico le respondió en el poco inglés que sabía: «¡Claro que sí! ¡Es un grupo de rock de Estados Unidos!». La respuesta le dio una clara comprensión de que el muchacho no tenía ni idea de quién era Jesús. Nunca había escuchado de él.

El misionero no se desanimó. Le tomó algo de tiempo poder hablarle de él. Y al hacerlo, comenzó desde el principio, hablándole de un Dios creador omnipotente, de la creación, de la caída, de Abraham y la promesa de Dios para su vida. Del pecado y sus consecuencias. Del sacrifico que tenían que presentar las personas matando a un corderito inocente por los pecados cometidos. Todo un proceso de explicaciones y enseñanzas hasta el día en que llegó a la historia de Jesús, el Cordero enviado por Dios, su sacrificio en la cruz y su resurrección. Para ese entonces, la Palabra de Dios había surtido efecto en el corazón del chico. El conocimiento le bajó de la mente al corazón. El día en que llegaron a este punto, el muchacho indonesio que había confundido a Jesús con una banda de rock le entregó su vida a Dios. Le tomó tiempo al misionero, pero al final valió la pena.

Esta historia me dejó pensando, y aun el día de hoy me hace reflexionar. Me pregunto: ¿Qué hubiera interpretado este chico indonesio si el misionero le hubiera lanzado la pregunta de otra forma? ¿Qué tal si el misionero hubiese dado por sentado que el chico sabía acerca del Dios todopoderoso, de la creación, del pecado y de su sacrificio? ¿Qué tal si hubiera supuesto que sabía que Jesús era el Cordero de Dios? ¿O si hubiera pensado que aquel chico sabía de la muerte de Jesús en una cruz y de su resurrección? Si el misionero hubiera preguntado de buenas a primeras, como muchas veces nosotros hacemos: «¿Quieres aceptar a Jesús en tu corazón como tu Salvador?», ¿qué habría sucedido? Me imagino que el chico de Indonesia hubiera pensado: «¡Qué tontería! ¿Quién querría recibir en su corazón a un grupo de Rock de Estados Unidos llamado Jesús? A final de cuentas, ¿qué significa aceptar en el corazón algo así?».

La lección que aprendí, y que desde entonces me resulta muy evidente, es que todas las culturas tienen una base de fe, cualquiera que esta sea (cristiana o no). Todas las culturas tienen un fundamento de fe. Creen en algo, sobre todo en cuestiones espirituales. Es como un consenso general que existe entre la gente de ese lugar. No podemos pretender ser eficaces al hablar de Jesús en nuestra propia cultura y contexto a menos que tomemos en cuenta este detalle.

El apóstol Pablo era un experto en ello. Él fue el primero que llevó el evangelio a Grecia, o por lo menos es lo que encontramos registrado en la historia en el año 54 A.D. Pablo sabía lo que los griegos creían. Conocía de sus múltiples dioses. Estaba al tanto de que ponían especial atención a los discursos y a las palabras inteligentes. Es por eso que cuando fue llevado al Areópago para explicar de qué estaba hablando, les dijo:

¡Ciudadanos atenienses! Observo que ustedes son sumamente religiosos en todo lo que hacen. Al pasar y fijarme en sus lugares sagrados, encontré incluso un altar con esta inscripción: A un dios desconocido. Pues bien, eso que ustedes adoran como algo desconocido es lo que yo les anuncio (Hechos 17.22-23).

Y de ahí Pablo, al igual que el misionero en Indonesia, partió para compartir el evangelio. Comenzó hablándoles a los atenienses de sus propios dioses, presentándoles al Dios no conocido. De la misma manera, contó la historia de Dios desde el principio de la creación. La Biblia registra que algunos creyeron y otros no. Los que creyeron se convirtieron en la iglesia de Atenas.

Pablo estaba pensando en la cultura. Tenía en consideración a aquellos que escuchaban y necesitaban de Dios. Su discurso partió del deseo de que aquellos que se hallaban lejos de Dios se acercaran a él. De que aquellos desconectados de Cristo se conectaran con él. Incluso, en aquella disertación no usó versículos bíblicos (que solo los judíos religiosos de ese entonces hubieran reconocido). Utilizó parte de un poema griego secular muy conocido (obviamente no cristiano) como punto de partida, referencia y asociación. Lo puedes leer directamente en Hechos 17.28. Si lo pensamos bien, fue como si hoy él usara una canción secular que conoce todo el mundo para hablar de un principio bíblico. ¡Qué loco estaba Pablo! No lo hizo solamente una vez, sino que varias veces se registra en la Biblia que actuó de un modo similar. Usó poemas seculares para hablar de Dios. A pesar de que sus escritos son parte fundamental de la fe cristiana moderna, estoy seguro de que la mayoría de las iglesias de hoy no lo dejarían predicar solo por su accionar en Atenas.

De hecho, Jesús hizo lo mismo. Era muy consciente de la gente a la que le hablaba. Si iba a un lugar en el que todas las personas dependían de la agricultura, al ver eso, simplemente les decía: «El sembrador salió a sembrar», e introducía una parábola. En el contexto en el que se movía Jesús lo que decía tenía mucho sentido, al menos para los que estaban buscando de Dios.

Otro ejemplo que notamos en Jesús es su manera de moverse con respecto a la mujer samaritana. Jesús la encontró en el pozo de Jacob, un lugar común para ir a buscar agua. Lo primero que él le dijo fue: «Dame un poco de agua». Sabía que los judíos no se hablaban con los samaritanos. Los judíos consideraban que los samaritanos estaban muy por debajo en la escala social, eran como ciudadanos de segunda categoría. Jesús conocía acerca de ese contexto cultural y lo usó a su favor para dirigirse a aquella mujer. No se puso a hablar de cosas espirituales desde el principio. Tomó la base de fe y creencia de los samaritanos y desde ahí partió.

No sé si te pasa lo mismo que a mí, pero, ¿cuántas veces has ido a un evento «evangelístico» al que solo asisten los cristianos y en el que la atracción principal del evento es la misma iglesia? Yo, muchas veces. Incluso con los conciertos que doy sucede lo mismo. No sé si te has puesto a pensar en el por qué. ¿Por qué muchas veces no somos eficientes en alcanzar a «los de afuera? Aunque soy consciente de que «con uno que se arrepiente hay fiesta en los cielos», no me acabo de convencer de que la meta de Dios sea que se convierta solo uno, con todo el esfuerzo e inversión que muchas veces se hace.

En mi humilde opinión, y después de haber organizado muchos eventos similares, creo que el problema principal es que la naturaleza de cualquier grupo es gravitar dentro de él mismo. Es lo que le sucede muchas veces a la iglesia. Por naturaleza tendemos a crear nuestra propia cultura interna. Tenemos nuestra manera particular interna de hacer las cosas, nuestro propio lenguaje, nuestra propia música. Los de adentro saben qué hacer, qué decir y cómo moverse. Pero el que llega de afuera por primera vez no sabe qué hacer, mientras que todo el mundo parece tenerlo en claro. No entiende las palabras que a los de «adentro» les resultan obvias. Se siente marginado y excluido. Incluso hemos acuñado palabras para referirnos a aquellos que no pertenecen a nuestra creencia o grupo. De modo que llega un punto en el que la iglesia tiene que ver solo con nosotros, los de adentro. Nadie que no conozca las reglas puede pertenecer a nuestro grupo.

Estoy seguro de que cuando eso sucede, es más accidental que intencional. Todo grupo de personas tiende a encontrarse en una situación así. Los de adentro se sienten seguros de su posición allí. De hecho, para entrar hay que seguir las reglas del grupo, cualesquiera sean. Uno será considerado solo una visita hasta que lo haga. Eso probará su lealtad. Si llegara a ser así en nuestra congregación, con ello podríamos limitar drásticamente la cantidad de personas que quisieran asomarse para ver de qué se trata, y ni qué hablar de las que quisieran pertenecer. Una actitud de este tipo restringirá el acceso de las personas que buscan a Dios. Es como si no existiera lugar para el nuevo entre nosotros.

Esta gravitación natural hacia adentro no es nueva. De hecho, podemos ver a Pablo y Bernabé luchando para que no suceda en Antioquía. Encontramos la historia en Hechos 15.

Para los judíos que aceptaron a Jesús fue muy fácil, pues consideraban el cristianismo como una extensión de su fe. De hecho, lo vieron como el cumplimiento de la promesa de Dios para ellos: la venida del esperado Mesías. Conocían acerca de Abraham, Moisés, David y sus historias. Sabían lo que decía el profeta Isaías en sus escritos, así como todos los demás profetas. A los judíos que creyeron en Jesús les resultó muy fácil recibir esta fe, pues siempre la habían esperado.

Sin embargo, Pablo y Bernabé se dedicaron a hablarles a los nuevos, a aquellos que no irían a sus reuniones o que no se convertirían al cristianismo con facilidad. Básicamente a los de afuera, llamados «los gentiles». Al ver que los gentiles (los de afuera) se estaban convirtiendo, los judíos (los de adentro) se sintieron amenazados. Un grupo de cristianos judíos comenzó a enseñar en Antioquía que a menos que se circuncidaran, no podrían ser salvos. ¡Imagínate nada más! ¡Pobres los hombres que querían hacerse cristianos! ¡Qué dolor! Bueno, mejor no te lo imagines...

El punto es que se armó tal discusión que Pablo y Bernabé viajaron a ver a los apóstoles a Jerusalén para aclarar el tema.

Llegando a Jerusalén expusieron el asunto a los líderes de la iglesia. Un grupo de creyentes judíos de la secta de los fariseos insistió en que los nuevos cristianos gentiles se circuncidaran y guardaran la ley de Moisés, que contenía más de 600 mandamientos, para poder pertenecer a la iglesia. Pablo tomó la palabra y les dijo que no provocaran a Dios poniendo un yugo que ni ellos ni sus antepasados habían podido llevar. En pocas palabras, les sugirió: «No seamos hipócritas que ni nosotros hemos podido cumplirla».

Dice la Biblia que todos escucharon muy atentos a Pablo y Bernabé. Entonces Jacobo, uno de los discípulos que anduvo con Jesús, dijo unas palabras que deberían definir nuestra manera de operar con los nuevos en la iglesia:

Por lo tanto, yo considero que debemos dejar de ponerles trabas a los gentiles que se convierten a Dios (Hechos 15.19).

¡Vaya! Jacobo les estaba diciendo a los mismos cristianos, al grupo en el que Jesús había invertido su tiempo aquí en la tierra, a aquellos a los que se les había confiado este mensaje de salvación y redención para todo el mundo, que dejaran de ponerles trabas a los que no lo conocían. Es como si en el día de hoy, Dios nos dijera a nosotros como iglesia lo mismo: ¡Dejen de ponerles trabas a los nuevos para que pertenezcan!

De los más de 600 mandamientos presentes en la ley de Moisés, la iglesia solo les pidió a los gentiles que guardaran tres cosas: Que se abstuvieran de comer cosas sacrificadas a los ídolos, que se abstuvieran de la inmoralidad sexual, y que se abstuvieran de comer animales ahogados. Nada más. De estos tres, el primero y el último eran para no ofender a los judíos, porque en realidad los gentiles no tenían una conciencia acerca de ello. Gracias a Dios que la circuncisión no fue una de las cosas que les exigieron, por el bien de todos los hombres que buscan a Dios. ¡De la que nos salvamos!

Dios ha depositado este mensaje, estas buenas noticias, en un grupo de personas llamado iglesia. El único Cristo al que la gente va a ver y tocar es el que encuentre en la iglesia. La única gracia que la gente va a experimentar de primera mano es la que opere en su iglesia. ¡Tenemos que pensar en aquellos que no lo conocen! ¡Debemos dejar de ser una iglesia que se sirve a sí misma, orgullosa de su subcultura cristiana, si queremos alcanzar a este mundo! Debemos adentrarnos en la cultura, conocer la base de fe de nuestra gente y de nuestra generación.

En pocas palabras, para actuar con eficacia en el llamado a ser iglesia a los que no conocen a Dios tenemos que saber qué piensan, y desde ahí comenzar a hablar de Dios. Es preciso reconocer cuál es la base de fe que poseen. No es tan complicado, porque en nuestra cultura la gente básicamente cree en Dios, en la madre de Dios, en un Hijo que se llama Jesús y que es igual que todos los santos, cree que lo mataron, pero no sabe por qué. El saber popular considera que es posible hablar con Dios a través de los santos, pues ellos son capaces de interceder por la gente. Esa es la base de fe de casi toda América Latina.

Sumado a eso, la gente se conecta a través de la cultura creada por la televisión, la música y las películas de Hollywood. Esos son los medios productores de la cultura en nuestros países de habla hispana. Si hablamos del Chavo del 8, Cerati o Messi, la mayoría de aquellos que vive en América Latina sabrá a qué nos referimos. Nos guste o no estamos conectados unos a otros por nuestra cultura. Tenemos más en común con los que están lejos de Dios de lo que muchas veces pensamos.

inconforme

La iglesia siempre ha tenido dificultades para adaptarse al cambio. La historia es testigo de ello. Pero el cambio generacional ocurre demasiado rápido como para tratar de asimilarlo. El cambio ya sucedió.

Las compañías de autos no sacan nuevos modelos porque los modelos antiguos hayan dejado de funcionar o sean obsoletos. De hecho, muchos de los carros hechos en los años 70 eran de lámina y duraban muchísimo más que los autos de fibra de vidrio que se venden hoy en día. Pero la gente cambia y las compañías tratan de adaptarse a esos cambios con los nuevos modelos.

Las nuevas generaciones necesitarán nuevos modelos de iglesia. Modelos que las contemplen y sean capaces de alcanzarlas. El lenguaje de la nueva generación ya se modificó. Su manera de pensar ha variado. Quizás todavía no se note porque aún no se han constituido en una fuerza laboral, política o intelectual, pero no van a pasar muchos años antes de que eso suceda. Estas generaciones, como los gentiles de Antioquía, no conocen nada de Dios ni de la Biblia. Será preciso un nuevo modelo que aproveche Internet y la tecnología que tenemos al alcance de la mano para llegar a aquellos que no conocen a Jesús. Hace poco leí una historia que hablaba sobre un sacerdote católico llamado Huss. Vivió cien años antes que Martín Lutero y predicó lo mismo que él. Pero el mensaje de Huss no llegó a ningún lado y finalmente él fue asesinado. Con el mismo mensaje, Lutero inició una revolución que transformó Europa y el mundo entero. ¿Cuál fue la diferencia? La tecnología. Lutero tenía una imprenta y la usó a su favor.

«La cucaracha» nos sirvió en su momento. A pesar de todos sus defectos y de que muchas partes no funcionaban, a pesar del óxido ferroso que tenía por todos lados y de su antigüedad, nos fue muy útil. Fue una bendición. Ya no era solo un carro. Era un sentimiento. Un recuerdo. ¡Pasamos tantas cosas juntos! ¿Cómo desprenderme de ella? Pero la vida cambió, así de simple. No me imagino viviendo en esta etapa de mi vida aún con aquel auto.

De la misma manera en que mi vida se modificó, esta generación ha cambiado y necesita otro modelo de iglesia.

No sugiero que el modelo de la iglesia actual sufra un cambio. No creo que en realidad eso sea posible. La iglesia está alcanzando a las personas que está alcanzando el día de hoy. La iglesia nos ha traído hasta aquí y estoy agradecido. Estamos aquí debido a la inversión y el sacrificio de muchas personas que han dado su vida y su tiempo, y que obedecieron a Dios al hacer iglesia.

Lo que sí creo es que una nueva generación de iglesias, con un nuevo modelo, tendrá que levantarse para alcanzar a esta nueva generación. Y cuando ese nuevo modelo deje de ser relevante a su cultura, otro nuevo modelo deberá surgir.

Pero también es cierto que el tiempo ya nos ha ganado. Esta nueva generación está aquí posteando blogs y vídeos; entablando relaciones a través del Facebook, que antes no existía; mandando mensajes de 140 caracteres acerca de lo que piensan y opinan. ¿Será que Dios está ahí en su mundo? ¿Será que la iglesia podrá adaptarse al cambio? Espero que sí.

Lo único de lo que estoy seguro es de que esta nueva generación necesita un nuevo modelo.

capítulo 10

Inconforme

Es de noche. Afuera, una tormenta eléctrica hace que el ambiente resulte aun más tenebroso. Entran al cuarto a media luz, decorado con muebles estilo Luis XV. Los saluda un hombre afroamericano sin cabello, vestido con una gabardina negra de piel y lentes negros tipo John Lennon. «¡Al fin!», les dice a modo de saludo. La pareja se aproxima a él de manera amistosa. «¡Bienvenido Neo! Como quizás hayas adivinado, yo soy Morpheus». Neo le extiende la mano diciendo: «Es un honor conocerte». «No», le contesta Morpehus dándole un apretón de manos, «el honor es mío. Por favor, toma asiento». Lo conduce hacia dos sillones de cuero color vino tinto acomodados uno frente al otro en medio de la sala, con una mesita y un vaso de agua en ella. La chica sale del cuarto, dejándolos solos. Morpheus cierra la puerta tras ella. Neo no sabe a ciencia cierta qué pensar. «Me imagino que en este momento te sientes un poco como "Alicia" cayendo por el agujero del conejo», le dice Morpheus haciendo referencia a la historia de *Alicia en el país de las Maravillas*. «Sí, podría decirse», le contesta Neo. «Lo puedo ver en tus ojos. Tienes la mirada de un hombre que acepta lo que ve solo porque está esperando despertar. Irónicamente, esto no está muy lejos de la realidad», agrega Morpheus mientras camina rodeando por detrás el sillón frente al que está sentado Neo. «¿Crees en el destino, Neo?», lo interroga. «No», responde Neo. «¿Por qué *no*?», le vuelve a preguntar. «Porque no me gusta la idea de no tener el control de mi vida», responde. «¡Sé exactamente lo que quieres decir!», acota Morpheus señalándolo con el dedo como para acentuar su respuesta mientras toma asiento en el sillón. «Déjame decirte por qué estas aquí. Estas aquí porque tú sabes algo. No eres capaz de explicarlo, pero lo sientes. Lo has sentido toda tu vida. Hay algo que anda mal en el mundo. No sabes qué es, pero está ahí. Es como una espina en tu mente que te vuelve loco. Ese sentimiento es el que te ha traído hasta mí». Morpheus hace una pausa. Entonces

141

le pregunta: «¿Sabes de lo que estoy hablando?». «¿Matrix?»,
pregunta Neo. «¿Quieres saber qué es?», inquiere Morpheus.
Neo responde afirmativamente con la cabeza. Morphues explica:
«Matrix está en todos lados. Está alrededor de nosotros. Aun
ahora, en este mismo cuarto. La puedes ver cuando miras por la
ventana o cuando prendes la televisión. La sientes cuando vas al
trabajo, cuando vas a la iglesia, cuando pagas tus impuestos. Es
el mundo que ha sido puesto frente a tus ojos para cegarte con
respecto a la verdad». Neo pregunta: «¿Cuál verdad?». Morpehus se echa hacia adelante, acercándose para hablar más
íntimamente con Neo. «La verdad de que eres un esclavo, Neo.
Como todos los demás, naciste en esclavitud. Naciste en una
prisión que no puedes oler ni probar ni tocar. Una prisión para
tu mente». Nuevamente Morpheus hace una pausa mientras se
reclina en el sillón reacomodándose. Neo muestra una expresión en su rostro como cuando uno quiere asimilar lo que está
escuchando. «Desafortunadamente, a nadie se le puede decir lo
que es el Matrix», agrega mientras abre una cajita de metal con
algo adentro. «Tienes que verlo por ti mismo», señala mientras
vacía el contenido en su mano y coloca la cajita en la mesa que
está al lado de ellos. «Esta es tu última oportunidad. Después de
aquí no hay vuelta atrás». Abre su mano izquierda enseñando
el contenido. «Si te tomas la pastilla azul, la historia se acaba.
Despertarás en tu cama y creerás lo que quieras creer. Si tomas
la pastilla roja, te quedas en el "país de las maravillas" y te
podré enseñar lo profundo que es el agujero del conejo». Neo
lo medita por un momento mientras Morpehus coloca las dos
píldoras frente a él, una en cada mano. Después de un momento
de reflexión, Neo acerca su mano para tomar una de las píldoras. Antes de hacerlo, Morpheus le advierte: «Recuerda, lo único
que te ofrezco es la verdad. Nada más». Neo entonces toma la
pastilla roja, la que no tiene vuelta atrás, la que lo despertará, y
la introduce en su boca mientras bebe el vaso de agua para que
pase por la garganta.

Quizás esta escena te resulte familiar. La puedes encontrar en
la primera película de la trilogía de ficción llamada *Matrix*. [1] Esta
escena de tan solo cuatro minutos trata de explicar las escenas
previas de la cinta. Intenta contar por qué Neo se siente inconforme con su vida. La primera película de la saga me enganchó

---

[1] *The Matrix* [La Matriz], escrita y dirigida por los hermanos Wachowski, 1999.

porque considero que tiene mucha similitud con el llamado de Dios a la vida de cada uno de nosotros, y responde a preguntas básicas que todos nos hacemos. ¿Por qué estoy aquí? ¿Cuál es mi propósito? ¿Tendré un destino en este mundo? Las otras dos películas, aunque con algunos efectos especiales increíbles, la verdad, no me cambiaron la vida.

Así como Pablo usó poemas seculares para hablar de Dios, quiero pedirte permiso para utilizar esta escena a fin de hablar de él. Espero que me lo permitas.

La verdad es que todos nosotros hemos nacido con un propósito (Isaías 44.2, Jeremías 1.5). Dios tiene algo para cada uno de nosotros. Y no lo digo como un eslogan bien aprendido. En realidad pienso que tú y yo estamos aquí para cumplir con algo específico, un llamado al que solo nosotros, solo tú o solo yo, vamos a poder responder. Dios te hizo como te hizo, naciste en el país en el que naciste, con un color de piel y características propias que nadie más posee, y eso no es casualidad. Naciste en la generación que naciste como parte del propósito y destino que tienes aquí en la tierra.

«¿Crees en el destino?», le pregunta Morpheus a Neo. Yo creo que Dios tiene un plan (Jeremías 29.11). Él ha diseñado algo para mí y tiene buenos deseos con respecto a mi persona. Sus planes son de bien y no de mal para nosotros. No es que tenga buenos deseos para con todos como si fuera un Papá Noel bonachón que reparte alegría. Es que los tiene para mí específicamente, al igual que los tiene para ti específicamente. Sin embargo, el hecho de que tenga un plan no quiere decir que se vaya a llevar a cabo. En un lugar, entre lo que Dios quiere para ti y tu destino, se encuentra algo llamado la voluntad del hombre. Allí están las decisiones. Está el pecado y sus consecuencias, intentando alejarnos de nuestro propósito.

Dentro del discurso de Morpheus a Neo hay algunas cosas con las que me siento identificado, entre ellas, la inconformidad de Neo. Uno se da cuenta de que algo a su alrededor está mal, pero no sabe a ciencia cierta qué es. Algo debe cambiar, pero uno no sabe cómo. No se puede oler ni tocar. Esta ahí; sin embargo, no es posible verlo. Te hace sentir inconforme, pero a la vez no te proporciona respuestas.

inconforme

Quizás mi inconformidad más grande sea con la iglesia. Espero que no me malinterpretes. Amo a la iglesia. Creo que la iglesia es la respuesta de Dios a la humanidad. Creo que Dios vendrá por una iglesia, no por individuos. Aun así, siempre he sentido que de alguna manera, en la forma de hacer iglesia, en el modelo, muchas veces está ese sentir que no puedes ver, oler ni tocar. Algo debe cambiar, pero no sabes qué.

Tengo un amigo que es un músico y cantante cristiano de los más conocidos. Él ha intentado hacer más relevante la espiritualidad de las personas poniendo velas en sus conciertos y tratando de crear un ambiente más introspectivo, de modo de no quedarse solo en un show dirigido a aquellos que están buscando a Dios en cada una de sus presentaciones. Eso le ha ganado la crítica de algunos círculos evangélicos, que lo llaman vendido, o le dicen que utiliza símbolos católicos. No lo creo. Es algo pensado para el que busca a Dios. La espiritualidad, al igual que muchas otras cosas, constituye parte de la cultura y tiene su expresión propia. Cuando ciertas personas ven algo que no entienden y lo rechazan, Dios lo considera una oportunidad para entrar en escena. Constituye una puerta abierta para hablar de Jesús. Dios ha bendecido a mi amigo de una manera increíble. Me alegro por él.

En nuestras charlas, él me habla de su inconformidad. De la misma forma, hay algo en el ambiente, algo que debe cambiar, pero, ¿cómo hacerlo? Aún es un misterio. Hace poco me contó que estuvo en un concierto en una ciudad de México y que una pareja lo fue a buscar al final. Eran pastores. Ella le dijo: «Dios me dio una palabra para ti. Solo una. Dios me dijo que te dijera esto: reforma». Mi amigo entendió lo que quería decirle. La iglesia necesita un «renacer», un «despertar», un «abrir los ojos». Su inconformidad no es obra de la casualidad.

Mi amigo es más conocido como Jesús Adrián Romero. Por un tiempo ha estado inconforme, pero no se ha quedado con los brazos cruzados. Está tratando de marcar una diferencia. Hasta ahora ha abierto una congregación en Phoenix y acaba de iniciar una más en Monterrey, NL.

Una de las cosas que percibo que me hacen sentir inconforme es que veo que la iglesia tiene poco o nulo interés por el que no conoce acerca de Dios. A veces mostramos una actitud que indica: «Si quieren, que vengan ellos». Pero Jesús nos manda que vayamos nosotros.

Hace mucho tiempo escuché la historia de un hombre que caminaba por la calle todos los días. Siempre a la misma hora. Siempre camino al trabajo. Un día se fijó al pasar por una calle que había un señor sentado en el porche, afuera de su casa, con una cubeta al lado y una caña de pescar. Le pareció raro. El mar estaba demasiado lejos de allí. No le dio mucha importancia. Al día siguiente volvió a pasar frente a la misma casa y de nuevo estaba aquel señor, igualmente sentado con la cubeta y la caña de pescar. Al otro día, lo mismo. Pasó por allí durante una semana. Y no solo una, sino dos o tres. Quizás ese señor ya hubiera estado allí mucho tiempo antes de que él lo percibiera, pero no lo había notado. Al mes ya no aguantó la curiosidad, así que se acercó al señor. «Disculpe. Yo paso por aquí todos los días. ¿Usted está todos los días aquí sentado?». «Todos los días, hijo», le contestó el señor. «¿Todos los días tiene su cubeta y su caña de pesar?», continuó el hombre. «Así es», obtuvo por respuesta. «¿Y cuánto tiempo lleva haciéndolo?», preguntó una vez más. «Muchos años hijo», le respondió el señor. «¿Y por qué lo hace?», quiso saber. «Es que hace mucho tiempo tuve un sueño. En el sueño veía miles de peces que comenzaban a brincar del mar. Saltaban hacia la tierra. De ahí empezaban a brincotear, encaminándose por la calle. Eran muchísimos. Avanzaban brincando por las calles. En el sueño, llegaban hasta aquí, hasta mi porche. Yo con mi caña y con mi cubeta los he estado esperando desde entonces», explicó el señor.

Pues bien, yo te hago una pregunta: Cuando este hombre muera, ¿cuántos peces tendrá en la cubeta? ¡Ninguno! ¿Por qué? Porque lo que había soñado probablemente nunca vaya a pasar.

Con una instrucción tan clara como la que Jesús nos dejó de ir por todo el mundo y predicar el evangelio, sería muy difícil y contradictorio esperar a que la gente viniera solo porque sí (Marcos 16.15). Aunque en ocasiones sucede. Soy testigo de ello. Pero ocurre menor cantidad de veces. A pesar de ello, es muy común que como iglesia tomemos esa posición. Estamos esperando que algo sobrenatural suceda para que la gente llegue. La idea de que «de todos modos un día llegarán» crea un desinterés por el nuevo. La realidad es que el llamado no es a esperar que lleguen, sino a ir.

¿Qué ocurriría si la iglesia se enfocara en la Gran Comisión? ¿Cómo resultaría si tomáramos radicalmente lo que hizo Jesús y nosotros también lo lleváramos a cabo como iglesia? ¿Qué pasaría si realmente pusiéramos en práctica una gracia radical? Si nos animáramos a decir: «Bien, si a Jesús lo llamaron "amigo de pecadores", si Jesús iba y se acercaba a los que nadie quería, nosotros vamos a aceptar a la gente como venga, con sus pecados, con sus adicciones, con sus tatuajes, con sus hijos de diferentes matrimonios. Que vengan divorciados, en unión libre o con problemas de homosexualidad. Que vengan como están y que encuentren a Jesús. Cuando conozcan a Jesús, él los cambiará». Sería una iglesia fuera de lo común. Quizás a simple vista parecería una iglesia «libertina», porque los que asisten todavía siguen envueltos en sus pecados, pero estarán buscando a Dios y siendo transformados poco a poco al escuchar la Palabra. De todas maneras, eso es lo que nos ha pasado a todos nosotros.

Estoy tratando de hacer eso en Central. De lo que me doy cuenta es de que a muchos cristianos de años les cuesta trabajo sentarse al lado de alguien que tiene su vida aún hecha un desastre. Lo sé porque después de un tiempo prefieren irse a un lugar más «santo». Lo sé porque me lo dicen. Yo veo en Jesús otra actitud. Jesús se sentaría con ellos extendiendo su gracia y amor.

Quiero contarles una historia de Central, la iglesia que pastoreo. Sé que algunos querrán alzar una piedra para apedrearme después de leerla, pero antes de que lo hagan, les pido que terminen el capítulo. Si ya han llegado hasta aquí con el libro, ¿cuánto falta para terminar?

Don Jesús nunca había querido ir a una iglesia hasta que llegó a Central. Él es una persona grande, y fue propietario de muchos bares en los que se realizaban bailes eróticos en la ciudad de México. De hecho, él dice haber sido el primero en abrir un local de estas características en el país. Por cuestiones personales y del destino, llegó a Las Vegas y después de malas inversiones lo perdió todo, literalmente todo. Vino a Central cuando recién abrimos. Le llevó varios meses recibir a Jesús y bautizarse.

Unos cuantos meses después vino a buscarme. «¿Podrías orar por mí?», me preguntó en el pasillo. «Claro que sí. ¿Qué se le ofrece?», le respondí. En eso metió la mano en el bolsillo del pantalón y sacó una cajita con parches de nicotina. «¿Podrías orar para que estos parches funcionaran en mi cuerpo y pudiera dejar de fumar?». Oré por él y por sus parches. Hasta el día de hoy, que yo sepa, ya no fuma como antes, pero sigue batallando por dejarlo, y sigue asistiendo fielmente a la iglesia.

No estoy dando mi aprobación a que se fume. Al contrario. Creo que cualquier cosa que se convierte en una adicción y que atenta contra el cuerpo va en contra de lo que Dios quiere para nosotros. Pero no considero que eso sea impedimento para que Dios pueda hacer algo en la vida de alguien. Con el tiempo, la Palabra de Dios y los parches de nicotina quizá puedan ayudarlo a dejar el vicio. Tal vez tenga que luchar contra eso toda la vida. Aun así, sé que Dios trabajará en medio de ello.

Esto me lleva a recordar una historia que me contó Mike Bodine. Un día fue a una conferencia en la que había muchos pastores. De regreso a Las Vegas, en el vuelo le tocó sentarse al lado de un señor regordete con traje. Comenzaron a platicar y el señor se identificó como pastor. Cuando supo que Mike era pastor de Central en Las Vegas, le dijo que ya había escuchado acerca de la iglesia. Y comenzó a hacerle varias preguntas, cuestionándolo: «Dígame, ¿ustedes han bautizado a personas que trabajan en los casinos?». Mike recordó que hacía poco una chica que trabajaba atendiendo a las personas que jugaban en las máquinas se había bautizado y había invitado a sus amigas a la ceremonia. Ellas llegaron todas vestidas con sus uniformes. «Sí, las hemos bautizado», contestó Mike. «¿Ustedes han bautizado a personas que trabajan directamente en los shows de Las Vegas?», le volvió a preguntar. «Estoy seguro de que sí», respondió Mike. «Entonces, ¿ustedes han bautizado a personas que aún trabajan en la industria del entretenimiento para adultos?». Mike lo pensó por un momento. En Central se bautizan cerca de mil personas por año. «No conozco a nadie, pero estando en Las Vegas, no lo dudo». El pastor, un poco molesto, le dijo: «¡Entonces no creo que ustedes sean cristianos realmente!». Si conoces a Mike sabrás que es un tipo muy inteligente y bonachón. Siempre te anima con sus palabras. Mike dice que el Espíritu Santo le habló en ese momento. Entonces le dijo a aquel pastor: «A ver, déjeme que le pregunte algo: ¿Ustedes han bautizado a mentirosos?». El pastor lo pensó un momento y le contestó: «Pues sí, los hemos bautizado». «¿Y ustedes han bautizado a envidiosos?», le volvió a preguntar Mike. «Sí, lo hemos hecho», le contestó el pastor. «¿Y a glotones?», inquirió Mike dirigiendo su mirada a la barriga del hombre, ante lo que el pastor contestó, sonrojado, con una afirmación. Mike entonces fue recorriendo toda la lista de los frutos de la carne y preguntándole si habían bautizado a ese tipo de personas, a lo que no pudo responder otra cosa que sí. «Vea usted, es exactamente lo mismo. La única diferencia es que en Las Vegas se nota más que en otros lados», terminó diciendo. Mike tiene razón.

Necesitamos ver más allá de lo aparente, más allá de lo superficial. Las cuestiones del corazón son complicadas. La religiosidad se disfraza de piedad. Sin embargo, debajo de la superficie, donde no se ve, más allá de lo aparente, donde solo el corazón sabe lo que hay, es donde Dios quiere trabajar.

En mi corta carrera pastoral han llegado diferentes personajes a mi congregación, queriendo ayudar u ofreciendo servicios y experiencia adquiridos en otro lado. Recuerdo uno que vino hace poco. Me citó para charlar. Cuando nos reunimos, sacó una carpeta. En ella traía varios títulos, entre ellos uno de doctorado en teología. Tuve la sensación de que me quería impresionar. Conversamos y le dije que primero tenía que servir como todos los demás, y después podríamos hablar. Con el tiempo me vino a ver la esposa, que lo acababa de dejar. Resultaba que el doctor en teología le pegaba a su esposa y la amenazaba de muerte. Tenían tantos problemas que hasta la policía había tenido que intervenir.

Para nada estoy en contra de los estudios. Al contrario, creo que son necesarios. Pero una vez más, lo superficial nos puede engañar.

El problema no es tener problemas. El problema es no querer enfrentarlos. Escondernos detrás de una fachada religiosa, presentándonos como no somos. Podremos impresionar a algunos, pero así no vamos a impresionar a Dios.

Y del mismo modo en que Morpheus pone la pastilla roja y la azul frente a Neo, así nos encontramos muchos de nosotros en este caminar. Si en alguna oportunidad te has sentido inconforme, ¡felicidades! No estás solo. La inconformidad es el motor que logra que cada líder se levante y camine hacia adelante. Si la escuchas, te encontrarás ante una aventura. Si la ignoras, terminarás perdiendo tu destino en esta tierra.

Frente a ti tienes la pastilla azul, con la que no habrá problema alguno. Las cosas seguirán su curso. Quizás toda tu vida vivas con la espina de que algo debería cambiar clavada en la mente, pero nada más. La vida seguirá su curso como si nada. Aun así, no podrás quitarte de encima la inconformidad. Terminarás con un cinismo crónico hacia la vida. Sinceramente, creo que muchos, demasiadas personas, toman la pastilla azul que les ofrecen, y de ese modo se pierden la aventura de la vida.

La pastilla azul te convierte en alguien promedio. Te hace como la mayoría. Te hace «normal», pero «normal» es igual a ser «como todos». Tu vida pasará desapercibida. La esperanza de aquello que Dios sembró en ti se apagará el día en que decidas tomar la pastilla azul. Nunca sabrás de qué eres capaz. Nunca te enterarás de a dónde podrías haber llegado. De todos modos, no volverás a pensar en ello. Porque cuando tomes la pastilla azul, todo habrá sido como un sueño. Despertarás y te encontrarás en medio de tu rutina normal, de tu trabajo, de tu vida de todos los días.

Pero si tomas la pastilla roja, se abrirán ante ti las puertas de un mundo desconocido y lleno de aventuras. Tu inconformidad encontrará cauce. El único problema es que no habrá vuelta atrás. No podrás ser como antes. No podrás andar como antes. La aventura será emocionante, pero peligrosa, arriesgada. Nadie te promete que no serás malinterpretado; por el contrario, te aseguro que lo serás. Nadie dice que no perderás la vida; al contrario, el pronóstico es que la perderás. Pero una de las ironías de encontrar tu propósito es que Dios te promete que al perderla, ganarás. Estas cosas solo formarán parte de la aventura. Serán cicatrices de una buena batalla. Historias que podrás contar a otros. Se transformarán, simplemente, en pequeñas incomodidades temporales al compararlas con el grandioso resultado final de tu vida.

Tanto la pastilla azul como la roja representan las decisiones que tomamos. ¿Nos arriesgaremos a creerle a Dios,

inconforme

o preferiremos no salir de nuestra zona de comodidad? Es una pregunta que cada uno de nosotros debe responder (Deuteronomio 30.15-20).

El estar inconforme, en realidad, no resuelve nada. El ser alguien inconforme sin entrar en acción solo lo convierte a uno en un crítico. En un criticón.

Veo blogs, páginas de Facebook y comunidades llenas de gente, de cristianos inconformes, que hablan mal de la iglesia, que cuestionan y critican muchas cosas de ella, que analizan todos los errores que encuentran. Tengo amigos personales que lo hacen. Están inconformes con las formas y con muchas doctrinas populares en América Latina. Aunque estoy de acuerdo con la mayoría de las cosas que los hacen sentir inconformes, no me identifico con ellos. No puedo. No quiero criticar a la iglesia por muy mal que esté o por mal que me parezca. Nadie me puso por juez sobre ella. No quiero ser de los que solo se la pasan hablando de lo que está mal sin tratar de hacer algo por mejorar la situación.

El estar inconforme, el tener esta espina clavada en la mente con la idea de que algo debería cambiar, no resuelve nada. Es lo que produce esa inconformidad lo que hace la diferencia. Es aquel que decide entrar en acción. Es el que se arriesga a fallar intentándolo. Recuerda, nadie sabe a ciencia cierta cuál es la solución del dilema. Lo que hoy funciona dejará de funcionar mañana. La necesidad de hoy dejará de existir y surgirá una nueva necesidad. Lo importante es estar en el momento correcto, para hacer lo que nos corresponde el día de hoy.

La decisión de hacer algo motivados por la inconformidad no viene sin sus riesgos. Teodoro Roosevelt tenía razón cuando escribió:

«Es mucho mejor atreverse a lograr grandes empresas, a lograr triunfos gloriosos, aunque el camino esté salpicado de fracasos, que cerrar filas con aquellos pobres espíritus que ni gozan mucho, ni sufren mucho, porque viven en la penumbra gris que no conoce ni la victoria ni la derrota.

»El que vale no es el que critica, ni el hombre que señala el tropiezo de los fuertes o la manera en que aquellos que entran en acción podrían haberlo hecho mejor. El crédito le pertenece al hombre que está en el ruedo, cuyo rostro está manchado por la tierra, el sudor y la sangre. Aquel que lucha valientemente, que yerra una y otra vez y aún no alcanza a llegar a la meta porque no hay esfuerzo sin error y sin defectos. Pero que, sin embargo, lucha por completar la obra». [2]

¿Qué haremos al respecto? ¿Quién irá? ¿Quién se atreverá a servir a esta generación que tanto lo necesita?

Es imposible hablar de la inconformidad sin resolverla. Nos dejaría inconformes sin un cambio. Quiero sugerir que si están inconformes y no saben por dónde comenzar a realizar el cambio, busquen a alguien que esté haciendo algo por lograr ese cambio.

Derek Sivers, un emprendedor que fue de los primeros en inventar una tienda de música en línea, a la que llamó CDBaby, dió una charla basada en un vídeo en una conferencia denominada TED, en febrero de 2010, en Long Beach, California. El nombre de su miniconferencia, de un poco menos de tres minutos de duración, es *Cómo comenzar un movimiento.* Mientras presenta su ponencia, detrás de él se proyecta en una pantalla el vídeo, realizado por un aficionado, de alguien que se encuentra a la orilla de lo que parece ser un lago, con muchísima gente alrededor, disfrutando de un día de verano. El hombre aparece en shorts y sin camisa, bailando solo, haciendo piruetas y dando saltos, sin llevar ningún ritmo aparente y sin demostrar ningún tipo de vergüenza. Se escucha una música de fondo. Se nota que el hombre mira en una dirección específica, como si una banda estuviera tocando o como si la música proviniera de aquel lugar. Sivers comienza a describir lo que está sucediendo en el vídeo y establece una analogía con la forma en la que se inicia un movimiento. Dice que lo primero que debe suceder para crear un movimiento es que el líder tenga el coraje de ponerse de pie solo y ser ridiculizado. Es lo primero. Sin embargo, sus movimientos tienen que ser muy fáciles, casi a modo de instrucciones. Eso es parte de la clave: Debe ser fácil de seguir. En un determinado momento, otro joven se le une. El primer seguidor tiene un papel

[2] Extracto de su discurso «Ciudadanos en la República», dado en Sorbonne, París, Francia el 23 de abril de 1910.

muy importante. De una manera pública, les enseña a todos cómo seguir. Al igual que el primero, él también se expone al ridículo. Sivers señala en el vídeo el modo en que el líder principal lo trata como a un igual. En ese momento no se trata solo del líder, sino de ambos, en plural. Ese nuevo individuo, el primer seguidor, llama a sus amigos para que se unan a ellos. Se necesita valor para ser el primer seguidor. Es una manera de ejercer el liderazgo un poco menospreciada. El primer seguidor es el que convierte a un loco solitario en un líder. Si el primer líder fuera un encendedor, el primer seguidor sería la chispa que inicia el fuego. Después de este, llega el segundo seguidor. Ese es un momento de cambio. Demuestra que el primer seguidor ha hecho un buen trabajo. Ahora no se trata solo de un loco solitario, ni de dos locos haciendo el ridículo. Tres son multitud, y tres comienzan a ser noticia. Un movimiento tiene que ser público, tiene que exponerse. Hay que asegurarse de que los de afuera vean más que solo al líder. Todo el mundo tiene que ver a los seguidores, porque los nuevos seguidores irán tras los seguidores anteriores, no tras el líder. En este punto del vídeo, se comienzan a sumar uno y otro y otro más. La gente empieza a correr hacia el grupo, bailando y moviendo las manos. Y ese es el punto en el que la balanza se inclina. Ahora tenemos un movimiento. Cuantas más personas se unen, menos arriesgado resulta. Si antes muchos eran meros espectadores, ahora no hay razón para no sumarse. No serán señalados, no serán ridiculizados y formarán parte del círculo interno si se apuran. El que en los próximos minutos no forme parte de la multitud que se ha unido, será ridiculizado por no unirse. Cuando termina el vídeo proporcionado por el aficionado, hay más de un centenar de personas bailando. Todo esto sucede en este vídeo de menos de tres minutos, mientras Sivers presenta su ponencia.

Sivers presenta sus conclusiones al final:

«El liderazgo está sobrevaluado. Sí, empezó con el tipo sin camisa, pero fue el primer seguidor el que convirtió a ese loco solitario en un líder. No hay movimiento sin aquel primer seguidor. Nos han dicho que todos debemos ser líderes. Pero eso nos vuelve ineficientes. La mejor manera de iniciar un movimiento, si realmente nos preocupa, es seguir valientemente y enseñar a otros la manera de seguir. Cuando encuentres a un loco solitario haciendo algo increíble, ten el coraje de ser el primero en ponerte de pie y unirte a él». [3]

Sivers tiene razón al invitarnos a que nos arriesguemos a ser de los primeros seguidores. Hoy en día todo el mundo quiere construir su reino. Todo el mundo quiere el título de apóstol o profeta, como si el título hiciera al llamado o al don. Todo el mundo anhela ser el número uno y tener seguidores. Y cuando volteamos a ver a Jesús, encontramos que él les pide una actitud muy diferente a sus seguidores más cercanos. De hecho, ellos estaban disgustado con Juan y Jacobo, porque su mamá le había pedido a Jesús un puesto de poder para sus hijos cuando viniera su reino. Obviamente, no sabía lo que pedía, como el Señor le señaló. Al ver el disgusto de los demás los mandó llamar y les dijo:

—*Como ustedes saben, los gobernantes de las naciones oprimen a los súbditos, y los altos oficiales abusan de su autoridad. Pero entre ustedes no debe ser así. Al contrario, el que quiera hacerse grande entre ustedes deberá ser su servidor, y el que quiera ser el primero deberá ser esclavo de los demás; así como el Hijo del hombre no vino para que le sirvan, sino para servir y para dar su vida en rescate por muchos* (Mateo 20.25b-28).

Tomemos esto y vivamos por ello. Si nos sentimos inconformes, servir es parte del cambio.

La Biblia dice que David sirvió a su generación y después murió (Hechos 13.36). La verdad, no podemos aspirar a otra cosa más que a servir a nuestra generación. A la generación que viene tras nosotros no le impresionará lo que hayamos hecho. No le impresionará ni Hillsong, ni Marcos Witt, ni Dante Gebel, ni Lucas Leys, ni Edgar Lira, por incluirme en la lista. Para nosotros será un recuerdo de lo que Dios hizo en nuestra época. Ellos estarán buscando a Dios de otra manera, en su lenguaje, en su cultura. Cada uno tiene que servir a su generación. Nosotros tenemos que servir a la nuestra. El día es hoy. El momento es ahora.

Y en realidad no es que tratemos de levantar un movimiento.

[3] Dereck Sivers, «How to start a movement?» [¿Cómo comenzar un movimiento?]. Grabado en TED2010, febrero del 2010 en Long Beach, CA.

inconforme

Estamos tratando de continuar con el movimiento que comenzó Jesús hace más de 2000 años, aceptando a los pecadores y amándolos. Sigamos su ejemplo, teniendo en cuenta que nosotros mismos somos pecadores. Tratemos de seguir un evangelio sencillo, sin tantas condiciones impuestas por la religión organizada al que quiera pertenecer, en sintonía con la conclusión de los apóstoles cuando Pablo y Bernabé fueron a verlos para hablar de los gentiles. Más allá de lo superficial que pensemos que pueda ser el modelo, la música, el edificio y la manera de hacer iglesia, la gracia tiene que estar presente en todo lo que hacemos. La gracia produce el cambio. La gracia que Jesús mismo mostró con nosotros. La iglesia tiene su máxima manifestación en la tierra cuando practica la gracia.

«Déjame decirte por qué estas aquí. Estas aquí porque tú sabes algo. No eres capaz de explicarlo, pero lo sientes. Lo has sentido toda tu vida. Hay algo que anda mal en el mundo. No sabes qué es, pero está ahí. Es como una espina en tu mente que te vuelve loco. Ese sentimiento es el que te ha traído hasta mí», le dice Morpheus a Neo.

si
trabajas
con jóvenes
nuestro
deseo es
ayudarte

EJ Especialidades Juveniles.com

UN MONTÓN DE RECURSOS PARA TU MINISTERIO JUVENIL

Visítanos en
www.especialidadesjuveniles.com

 /EspecialidadesJuveniles   @ejnoticias

Nos agradaría recibir noticias suyas.
Por favor, envíe sus comentarios sobre este libro
a la dirección que aparece a continuación.
Muchas gracias.

Vida@zondervan.com
www.editorialvida.com